Genevieve Weaver und Helen Chislett

Wohnen mit Antiquitäten

Guinevere Antiques

Aus dem Englischen übertragen von Wiebke Krabbe

BUSSE SEEWALD

Originalausgabe:
Genevieve Weaver and Helen Chislett
Antiques for Today's Interiors

Die Deutsche Bibliothek – CIP-Einheitsaufnahme

Wohnen mit Antiquitäten : stilvoll und modern /
Genevieve Weaver; Helen Chislett. Aus dem Engl. von Wiebke Krabbe. –
Herford : Busse Seewald, 2000
Einheitssacht.: Antiques for today's interiors <dt.>

ISBN 3-512-03204-4

Deutsche Ausgabe:

Übersetzung: Wiebke Krabbe, Damlos
Redaktion: Marianne Menzel, Michelstadt
Herstellung: Richard Brüll, Löhne
Satz: Busse Druck, Herford
Druck und Bindung: Sing Cheong, Hongkong

ISBN 3-512-03204-4

Inhalt

Vorwort

Mein erstes antikes Stück habe ich in London gekauft: einen spanischen Walnusstisch, für den ich 1959 ganze 100 Pfund bezahlte. Damals lebte ich in einem futuristischen Haus in Notting Hill, das ich selbst entworfen hatte. Das Treppenhaus sah aus wie eine riesige Stahlleiter, die von unten bis oben reichte, die Stufen waren außen angebracht, sodass das Ganze wie verdreht wirkte. Alles bestand aus Stahl, Holz, Schiefer und Glasbausteinen und war – mit Ausnahme dieses Tisches – nagelneu. Meine Lieblingsgeschäfte waren damals Heals's, Liberty und Woolland. Ich liebte die schlichte Perfektion moderner skandinavischer Möbel. Um meinen Walnusstisch versammelte ich ein kunterbuntes Gemisch von Stühlen und Hockern, aber mir gefiel diese Mischung aus Altem und Neuem.

In Einrichtungsfragen packt mich schnell die Langeweile. Sie war auch der Ursprung meiner Leidenschaft für Antiquitäten. Mein Haus in der Portobello Road war erstaunlich für seine Zeit, aber ich hatte es irgendwie satt. Nach zwei Jahren wollte ich alle Möbel austauschen. Ich hatte den Vorteil von antiken Möbeln gegenüber neuen erkannt: Man kann Geld loswerden, aber nicht Bankrott machen. Sie haben immer einen Wiederverkaufswert – was man von neuen Möbeln nicht behaupten kann: Das meiste wird weggeworfen.

So fing ich an, Antiquitäten mit anderen Augen zu sehen. Sie hatten nicht nur einen wirtschaftlichen Vorteil gegenüber neuen Möbeln. Der Wiederverkaufsgedanke bedeutete auch, daß ich mir – theoretisch – zulegen konnte, was immer ich wollte, mich eine Weile daran freuen und es anschließend weiterverkaufen konnte. Das ist die perfekte Lösung für einen Menschen, der immer wieder einmal Veränderung braucht.

Allerdings habe ich Antiquitäten nie unter konventionellen Gesichtspunkten betrachtet. Die historische Bedeutung eines Stückes hat mich nicht sonderlich interessiert. Für mich zählten vor allem Zustand, Form, Farbe und Oberflächen – kurz gesagt, die Frage, wie es wohl in einem Raum aussehen würde. Mir war klar, dass man nicht viele Stücke braucht, um Wirkung zu erzielen. Schon um ein einziges schönes Stück herum kann man die Einrichtung eines ganzen Raumes gestalten.

Bei Antiquitäten findet man manchmal erstaunliche Materialkombinationen – Schildpatt mit Silber oder Lack mit Strohgeflecht. Allerdings sind solche edlen Stücke heute selten geworden. Alte Möbel sind normalerweise in Handarbeit hergestellt, und die Liebe zum Detail ist oft beeindruckend. Zwei identische Stücke wird man kaum finden, dafür aber einen großen Variantenreichtum. Ich begann, die Antiquitäten mit dem Auge des Künstler anzusehen, meine Faszination wuchs, und mit ihr auch mein Wissen.

Noch heute lasse ich mich meist von Herz und Auge leiten, und weniger vom Geldbeutel. Wenn Sie sich in ein Möbel verlieben, dann sollten Sie es kaufen – vielleicht finden Sie so ein Stück nie wieder. Viel wichtiger als der Preis oder die Unwägbarkeiten des Antiquitätenmarktes ist das Herzklopfen beim ersten Anblick und die Frage, ob Sie es sich in Ihrer Wohnung vorstellen können. Es sind solche Adrenalinstöße, die mich noch heute an diesem Geschäft fesseln.

GENEVIEVE WEAVER

Kapitel 1 So fing es an

GEGENÜBER So sieht Guinevere heute aus: Die Fenster sind so originell dekoriert, dass der Verkehr oft stockt, weil Autofahrer den Fuß vom Gas nehmen, um genauer hinzusehen. In den letzten Jahren ist dieser Teil Londons immer mehr in Mode gekommen. Heute beherrschen Antiquitätengeschäfte dieses Stück der King's Road.

LINKS Genevieve Weaver in ihrem in verschiedenen Blautönen eingerichteten Esszimmer. An der Wand hängen Abtropfbretter, überwiegend aus dem 18. und 19. Jahrhundert, die sie seit mehr als 35 Jahren sammelt und hier mit sicherem Blick arrangiert hat. Sie gehören zu den wenigen Dingen, von denen sie sich ungern trennen würde.

Im Alter von 22 Jahren kam ich 1953 aus der Normandie nach London. Ich war Putzmacherin und fand eine Stelle bei der alten Manufaktur McCracken & Bowen. Eigentlich wollte ich nur ein Jahr bleiben, doch es gefiel mir so gut, dass ich Englischunterricht nahm. Und wenig später wurde meine Kursleiterin zu meiner Schwiegermutter.

Mein Mann kaufte für £ 900 ein Grundstück in der Portobello Road und wir bauten das schon erwähnte Weltraumhaus. 1959 kam mein erster Sohn Kevin zur Welt – in diesem Jahr kaufte ich den spanischen Walnusstisch. Passenderweise ist Kevin jetzt Geschäftsführer bei Guinevere. Wir zogen dann für kurze Zeit in die Schweiz, wo mein zweiter Sohn Marc geboren wurde. Auch er ist heute einer der Geschäftsführer der Firma. 1963 kehrten wir nach Chelsea zurück. Die Geschäfte am »falschen« Ende der King's Road waren damals preiswert zu haben.

Hier lagen das Gaswerk und der Bauhof, der Fish-and-Chips-Kiosk, die Wäscherei, das Wettbüro, ein Pub und der Fleischer – eigentlich keine Adresse, um einen international renommierten Antiquitätenhandel zu gründen. Aber ich wollte damals nur einen schlichten Laden. Meine Miete für das Haus Nr. 578 betrug £ 7 in der Woche. Heute sind die Mieten und Preise derart explodiert, dass sich keiner der ehemaligen Bewohner oder Ladeninhaber dort halten konnte. Dieser Teil der King's Road ist ein Antiquitäten-Ghetto geworden, in dem nur Pubs und Restaurants die Schaufensterfronten unterbrechen.

ANTIQUITÄTEN VERKAUFEN

Zu jener Zeit wurde mir das Hüte-Entwerfen langweilig und ich beschloss, es mit Antiquitäten zu versuchen, die damals noch billig zu haben waren. Anfangs hatte ich einen Partner, einen Mann namens Tom Jones. Er versprach, die Stücke für meinen Laden zu beschaffen, weil ich buchstäblich keine Ahnung hatte. Wir arbeiteten etwa ein Jahr zusammen. Das Problem war, dass er einen anderen Geschmack und eine andere Philosophie hatte als ich – er kaufte Möbel ausschließlich des Profits wegen. Und ich wollte nur Dinge, die mir gefielen. Kitsch

LINKS So sah es 1963 in der King's Road aus. Zu dieser Zeit hatte Guinevere bereits so viel Lagerware, dass vieles auf dem Bürgersteig stehen musste. Heute hat sich das Geschäft in die Nachbarhäuser ausgedehnt und prunkt mit einer der breitesten Schaufensterfronten.

war nie mein Fall – wenn etwas im 19. Jahrhundert hässlich war, bleibt es das im 21. Jahrhundert immer noch. Es ist sinnlos, etwas zu verkaufen, das man selbst nicht leiden mag.

Also versuchte ich es allein. Zuerst verkaufte ich Fichtenmöbel, weil sie so preiswert waren. Ich konnte eine Kommode für £1 oder 2 kaufen, säubern, abbeizen, wachsen, Messinggriffe montieren und für £6 bis 12 weiterverkaufen. Fichte lag mir auch wegen der klaren Schlichtheit, die mir bei skandinavischen Möbeln immer so gefallen hatte. Andere Händler hörten davon und bald hatte ich mir eine sichere Existenz mit Fichtenmöbeln aufgebaut.

DER GUINEVERE-STIL

Dann kam mein großer Durchbruch. Ich musste meinen Laden acht Monate lang schließen, weil mein Hauswirt das Haus renovieren ließ. Gleichzeitig erhielt ich das einmalige Angebot, das gesamte Inventar eines Londoner Armenhauses für £140 zu kaufen. Plötzlich hatte ich so viele Möbel, dass ich für ein Jahr ein Lager mieten musste – für 30 Bauerntische, fünf große Küchenanrichten, Küchenstühle, Kommoden und allerlei mehr. Jede Woche reinigte und wachste ich einen Tisch und schleppte ihn durch die Antiquitätengeschäfte, bis ich einen Käufer fand. So trug ich genug Kapital zusammen, um in neue Möbel für meinen Laden zu investieren. Als ich wieder eröffnete, legte ich den Stil fest, den die Kunden noch heute kennen. Ich tapezierte die Wände mit Packpapier, legte Vinyl mit der Unterseite nach oben aus, so dass ich einen weißen Fußboden hatte, und präsentierte darauf schöne gewachste Fichtenmöbel. Den letzten Schliff gab eine Schale mit makellosen Zitronen. Es sah großartig aus – Guinevere war geboren.

Inzwischen hatte ich einen neuen Geschäftspartner – John Arnett. Er half mir zunächst beim Abbeizen der Möbel, doch weil wir den gleichen Blick für schöne Möbel und die gleiche Begeisterung für Antiquitäten hatten, begleitete er mich bald auf meinen Einkaufsreisen. Ich ließ mich 1975 scheiden, John und ich wurden Partner in jedem Sinn des Wortes.

Unsere ersten Einkaufstouren waren verrückt. Wir fuhren mit einem kleinen Transporter nach Lancashire, Yorkshire, Derbyshire, Cheshire, Northamptonshire, Wales oder in den Westen und stopften ihn innerhalb eines Tages mit Möbeln voll.

AUF DER SUCHE NACH WARE

Damals war England eine Goldgrube. Wir kauften Kommoden, Schränke, Anrichten, Stühle, Uhren, Gemälde und Spiegel – alles, von dem wir dachten, dass es sich gut weiterverkaufen ließe. Nach abgebeizter Fichte verlegten wir uns auf damals unterschätzte englische Eichenmöbel. Wir kauften die

RECHTS Unter den Gewölben von Guineveres Keller wurde einst Kohle gelagert. Kein Wunder, dass viele Kunden diesen Raum als Ali Babas Höhle bezeichnen. Er ist so riesig, dass etwa 3000 Objekte darin Platz finden.

großartigsten jakobäischen Anrichten und Betten und verkauften sie an befreundete Händler aus Frankreich. Die Engländer hatten an Möbeln dieser Zeit kein Interesse: Sie wollten nur georgianische Mahagonimöbel.

Es dauerte nicht lange, bis sich Amerikaner, Deutsche und Niederländer in unserem Lager drängten. Wir verkauften nur an Händler und konnten so die Waren schnell genug umsetzen, um einen bescheidenen Gewinn zu machen. Ich achtete auf die Nachfrage und versuchte, entsprechend einzukaufen. Allerdings waren auch immer Stücke darunter, die mir gut genug gefielen, um sie ins Schaufenster zu stellen. Ich muss jedoch gestehen, dass ich Einkaufen immer viel aufregender fand als Verkaufen.

Das heißt jedoch nicht, dass wir keine Privatkunden bedienten. Immer mehr Leute erkannten das dekorative Potential von Antiquitäten. Mir ging es beim Verkauf weniger um den Profit – ich mochte die Stücke wegen ihrer Wirkung im Raum, und wegen der spannenden Kombination von Altem mit Neuem. Dieser Gedanke passte perfekt in die »Alles-ist-möglich«-Philosophie der 1960er Jahre. So stöberte schon einmal Mick Jagger im Laden herum, Jean Shrimpton kam vorbei, Derek Nimmo, John le Mesurier, Lauren Bacall, Hayley Mills, Laurence Harvey und viele andere waren regelmäßige Gäste. Ein bisschen von ihrem Glanz färbte auf uns ab, und Guinevere wurde zum Begriff für Antiquitäten der besonderen Art.

Wenn ich an diese Zeit denke, befällt mich eine gewisse Nostalgie, nicht nur wegen der Unmengen

RECHTS Im Erdgeschoss von Guinevere steht ein Paar indianischer Fackelträger aus Gusseisen Spalier. Sie wurden 1890 von Salmson in der Val d'Osne-Manufaktur hergestellt und sind heute eine Rarität. Die Weavers haben keine Eile, sich von solchen Stücken zu trennen.

von verfügbaren Antiquitäten und ihrer Preise, sondern auch wegen der Menschen. Da war z.B. Johnny Whiskers, ein Stück weiter die Portobello Road hinauf, ein absolut liebenswerter Schurke, oder Mr. Grosvenor aus Leek, dessen Lager anscheinend ausschließlich von irischen Kesselflickern beliefert wurde.

CHARAKTERSTUDIEN

Als junge Französin traf ich natürlich manche Händler – meist Männer – die mich bevormunden wollten. Andere jedoch waren sehr hilfsbereit und gaben mir viele gute Ratschläge. Manchmal war es durchaus von Vorteil, eine Frau zu sein, und obendrein eine mit französischem Akzent. Da war Alan Henry in Bolton, durch den ich niederländische Fichtenschränke und andere wunderbare Möbel kennenlernte. Hatte er etwas, das mir gefiel, das ich aber nicht bezahlen konnte, so ließ er mich das Stück mitnehmen und später bezahlen. Joe Marshall in Blackburn war ähnlich großzügig. Wenn ich mir etwas aus seinem Lager nicht leisten konnte, sagte er, ich solle es mitnehmen und zurückgeben, wenn es sich nicht verkaufte. Doch der Fall trat nie ein. Im Gegenzug sorgte ich dafür, dass wir unsere Zahlungstermine stets einhielten und niemals ein Scheck platzte. Mit der Zeit bemerkten die Leute, dass Guinevere ein Name war, auf den man sich verlassen konnte.

Es war eine schöne Zeit voll harter Arbeit. Ich fuhr morgens um vier los und kam erst am nächsten Morgen um sieben Uhr zurück – ohne Schlaf. Einmal fuhren wir durch einen Schneesturm, und ich musste meine Hände an die Windschutzscheibe legen, um sie eisfrei zu halten. Auf dieser Fahrt wollten wir bei einem Händler einige Möbel abholen, doch als wir spät abends ankamen, war er schon gegangen und hatte die Möbel kurzerhand auf den Gehweg gestellt. Dummerweise hatten wir kein Seil dabei, um sie auf dem Wagen festzubinden. Also stieg ich über Zäune

RECHTS Eine der Stärken von Guinevere ist, dass die Antiquitäten oft in wohnlichem Ambiente präsentiert werden – so wie in diesem Esszimmer. Die Louis XV-Stühle aus geschnitztem und vergoldetem Holz sind mit wunderbaren Aubusson-Tapisserien bezogen.

in die Hintergärten und stahl klammheimlich ein paar Wäscheleinen.

Ich muss zugeben, dass wir uns manchmal wie Vandalen benahmen. Wir wussten es einfach nicht besser. Antiquitäten gab es in solchem Überfluss, dass wir geradezu achtlos damit umgingen. Mich schaudert, wenn ich überlege, dass ich vielleicht georgianische Möbel abgebeizt habe, oder dass wir Patina vernichteten, weil wir Stücke »aufmöbelten«. Am schlimmsten sprangen wir wohl mit Standuhren um, die wir aufpolierten und in Besenschränke verwandelten, indem wir das Uhrwerk herausnahmen. So unglaublich es klingt – nur so konnte man Leute überzeugen, Uhren zu kaufen, die sie vorher als Sperrmüll angesehen hatten.

DIE LERNKURVE

Wir lernten ständig dazu. Zwei Jahre lang ging ich jedes Wochenende ins Victoria & Albert-Museum und studierte Möbel. Da es jedoch frustrierend war, sie nicht aus der Nähe ansehen, anfassen oder kopfüber drehen zu können, gab ich diesen Weiterbildungsversuch auf.

Hauptsächlich lernte ich von anderen Leuten aus der Branche. Ich verließ mich meist auf meine Augen und meinen Instinkt, doch ab und zu konnte ich mein bisschen Wissen anbringen, und das war sehr befriedigend. Als mir jemand einen Klapptisch mit gedrechseltem Fuß zeigte, der aus dem 19. Jahrhundert sein sollte, drehte ich das Stück spontan um und stellte fest, dass es tatsächlich ein Möbel aus dem 17. Jahrhundert war – abgebeizt und aufpoliert, so dass es viktorianisch aussah. Ich kaufte den Tisch. Dann kam der Experte für Eichenmöbel. Er sah aus wie ein Dandy mit schulterlangem, roten Haar und gewaltigem Bart. Ich sehe ihn noch unter dem Tisch liegen, die Haare fächerartig ausgebreitet. Er sagte: »Sie haben völlig Recht, der ist aus dem 17. Jahrhundert.« Es war für mich ein Triumph.

BLICK ÜBER DIE GRENZEN

Die Jahre vergingen, der Antiquitätenhandel florierte und wir sahen uns inzwischen auch jenseits der Landesgrenzen nach Waren um, in Frankreich, Holland und anderen europäischen Ländern. Doch vor etwa 20 Jahren wurde mir klar, dass die interessanteren Quellen weiter entfernt liegen, in Indien, China, Vietnam, Pakistan, Thailand, Singapur und anderen exotischen Ländern.

Heute habe ich mich aus der Tagesroutine zurückgezogen. Kevin und Marc kümmern sich um Geschäft und Finanzen, Marcs Frau Heather hat den Laden im Griff. Im Lauf der Jahre habe ich mir ein fantastisches Team aufgebaut, darunter meine rechte Hand Rob Hunter, der mit seinem sicheren Blick immer dafür sorgt, dass der Laden fabelhaft aussieht. Außerdem sind da die großartigen Restauratoren in

unserer Werkstatt. Viele von ihnen, wie z.B. Michael Folkard, Experte für Farben und Lackierungen, arbeiten schon seit vielen Jahren bei Guinevere. Ich bin in der glücklichen Lage, dass ich mich jetzt ganz auf das konzentrieren kann, was mir schon immer am meisten Freude gemacht hat – überall auf der Welt Antiquitäten einzukaufen, ein Auge auf Aussehen und Atmosphäre des Ladens zu haben, und natürlich zusammen mit Rob Hunter die Gestaltung der mittlerweile berühmten Schaufenster zu entwerfen.

Die Ladenfläche musste vergrößert werden, wir brauchten Platz für das wachsende Angebot. Das alte Geschäft ist in die Nachbarläden hineingewachsen und nimmt jetzt die Fläche von vier Geschäften ein. Vor langer Zeit habe ich die Räume gekauft, so dass ich nun keinem Hauswirt mehr £7 Wochenmiete bezahlen muss. Und all das hat einmal angefangen mit £5 Gewinn mit mühevollem Abbeizen von Fichtenschränken und gestohlenen Wäscheleinen.

Genevieve Weaver

Kapitel 2 Die Philosophie

GEGENÜBER Dieses prächtige Schlafzimmer mit dem *lit à la Polonaise* in der Mitte ist ein anderes Beispiel für Guineveres Raum-Inszenierungen. Die Draperie besteht aus 20 antiken Paisleys.

LINKS In Pergament gebundene Bücher, meist in lateinischer Sprache, stapeln sich auf den Treppen des Ladens. Erst später wurde es üblich, Bücher in feines Leder zu binden.

Guineveres spezielle Philosophie aus Geschäftstüchtigkeit, ästhetischem Gespür und einem starken Bewusstsein für aktuelles Design ist eine gute Lektion für jeden, der Antiquitäten in eine zeitgemäße Einrichtung integrieren möchte. Bei ihr findet man Stücke, die zum Wohnen gedacht sind und nicht zum Schonen. Schriftrollen vom Toten Meer wird man hier vergeblich suchen. Nach Guineveres Philosophie sind Antiquitäten keine alten Museumsstücke – sie werden vielmehr als Blickfang eines bewohnten Raumes eingesetzt. Das bedeutet, dass man dazu passende Muster und Farben auswählt und die Einrichtung auf sie abstimmt.

Der zweite Aspekt ist, dass Antiquitäten keineswegs unabhängig von Modeströmungen sind, sondern oft sogar neue stilistische Trends widerspiegeln. Darum ist es wichtig, ein Gespür für den Zeitgeschmack zu haben. Den Weavers geht es nicht

RECHTS Genevieve Weaver macht ihren Kunden stets klar, wie wichtig es ist, ein Kernstück für die Raumeinrichtung zu finden. In ihrem eigenen Wohnzimmer übernimmt ein mit Ormoulu verziertes Bett von Jean-Jacques Werner diese Funktion. Der französische Armlehnstuhl aus geschnitztem, vergoldetem Holz stammt etwa von 1750.

GEGENÜBER Der blattversilberte venezianische Spiegel aus dem 18. Jahrhundert ist ein weiteres Beispiel für die Objekte, auf die Guinevere sich spezialisiert hat. Er ist so prächtig, dass er keine optische Unterstützung braucht. Der kleine Porzellanpierrot, ein Stück aus Genevieves großer Sammlung, ist lediglich eine charmante Ergänzung.

darum, ihren Kunden ehrwürdige Relikte der Vergangenheit in einer bunten Stilmischung zu verkaufen, sondern sie suchen nach neuen Wegen, interessante Antiquitäten in zeitgemäße Wohnkonzepte zu integrieren. Viele professionelle Designer und Dekorateure, die zu diesem Buch beigetragen haben, kommen regelmäßig in den Laden, um ungewöhnliche Einzelstücke zu suchen, die sich von den konventionellen Allerweltsmöbeln abheben.

Von Anfang an war das Geschäft stets nah am Puls der Designwelt. Es hat Trends ausgelöst, neu belebt oder gestärkt, die oft erhebliche Auswirkungen auf die Innenarchitektur hatten. Genevieve und ihr Team haben schon in den 60er Jahren Fichtenmöbel abgebeizt – lange bevor sie in Mode kamen. Zu den Einrichtungsstilen, die sie initiierten, gehörten in den letzten vierzig Jahren sowohl englische Eichenmöbel wie französische Caféhausstühle aus Metall, bemalte französische Schränke, alte Gobelinkissen, Schranktüren mit Kükendraht, mit Tee gefärbte Stoffe, Möbel aus der englischen Kolonialzeit Indiens, rote asiatische Lackmöbel, Kalligraphien als Wanddekoration, schwarz-goldene Bilderrahmen und 2000 Jahre alte Grabfiguren aus China. Das alles wurde inzwischen von den großen Einrichtungszeitschriften verbreitet – doch vorher gab es sie in Genevieves Geschäft zu sehen.

EINKAUF À LA GUINEVERE

Wer Antiquitäten unter dekorativen Aspekten kauft, muss Disziplin besitzen. Aussehen, Stil, Originalität und Alter wollen bedacht sein. Wenn ein Stück aber keine optische Wirkung hat, sollte man es vergessen. Sieht es dagegen attraktiv aus, müssen Qualität und Preis abgewogen werden. Ist die Qualität eher gering, bleibt die Frage, ob Alter und Stil allein reichen, um das Stück dennoch zu kaufen.

Der Unterschied zwischen Guinevere und anderen

LINKS Wer optische Akzente setzen will, darf nicht zurückhaltend sein. Die emaillierten gusseisernen Pflanzkübel wurden 1860 von E. Paris et Cie. für Orangenbäumchen hergestellt,. Sie zeichnen dekorativ den Schwung der Treppe nach – hier ist es die Masse, die Wirkung macht.

RECHTS Die meisten Stücke der Sammlung chinesischen blau-weißen Porzellans stammen aus dem 18. und 19. Jahrhundert. Das Ensemble wirkt, als wäre es eben von einem gestrandeten Frachtschiff geborgen worden. Tatsächlich ist dies ein Blick ins Lager des Ladens. Der bemalte und vergoldete Holztisch stammt aus Italien.

Antiquitätengeschäften ist, dass man bei ihr schöne Dinge findet – die aber nicht unbedingt die historisch bedeutsamsten ihrer jeweiligen Epoche sein müssen. Es kann durchaus geschehen, dass ein Stück von ungewöhnlich hoher Qualität einfach aus ästhetischen Gründen nicht eingekauft wird. Hinter all dem steckt auch ein praktischer Gedanke. Alle verkauften Stücke müssen nicht nur schön, sondern auch funktional sein. Wenn etwa die Schubladen einer Kommode nicht tief genug sind, wird sie niemand kaufen. Kurz gesagt: Man wird in diesem Geschäft nichts finden, das gewöhnlich, hässlich oder langweilig ist. Ein Stuhl aus dem 18. Jahrhundert mit viel zu klobigen Beinen wird auch durch die Zeit nicht schöner. Er war damals hässlich, und er ist es noch heute.

Was man dagegen in dem Geschäft findet – ebenso wie in diesem anregenden Buch – sind Dutzende handverlesener Stücke von optischem Reiz und hoher Qualität. Daneben findet man Ideen und Vorschläge, um solche Stücke in den eigenen vier Wänden ins rechte Licht zu setzen. Es ist eine Frage der Übung, bis man erkennt, wie stark die Wirkung von Antiquitäten in einem Raum sein kann.

EINEN BLICKFANG FINDEN

Es ist immer der Blickfang, der einem Raum seinen Charakter gibt und das zentrale Designthema festlegt. Das kann ein Möbel sein, ein Leuchter, ein Spiegel, ein Gemälde oder eine ganze Sammlung. Oft wirken solche Elemente überdimensioniert, aber Größe ist nicht das Wesentliche, wenn es darum geht, einen Blickfang zu schaffen. Selbst ein kleiner Raum kann durch ein einzelnes interessantes Stück total verändert werden. Schon darum sollten Sie das Schöne dem Niedlichen und das Ungewöhnliche dem Alltäglichen vorziehen.

RECHTS Dekorateure und Privatpersonen, die ihre Wohnung interessant gestalten wollen, greifen gern zu kleinen Sammlungen. Guinevere hat sich auf Bilderrahmen mit Ormoulu-Vergoldung aus der Zeit um 1900 spezialisiert. Das Tintenfass im Vordergrund stammt aus der Zeit Napoleons III., etwa 1870.

Um einzuschätzen, welche Möglichkeiten ein bestimmtes Stück bietet, ist vor allem Fantasie nötig. Ein edler chinesischer Lacktisch braucht nicht zwingend ein chinesisches Interieur, ein Regency-Stuhl verlangt keine historisch lupenreine Einrichtung aus dieser Zeit. Lassen Sie sich nicht von der Geschichte eines Möbels auf einen Einrichtungsstil festlegen. Bedenken Sie seine Form und Struktur, Patina, Farbe und Größe. Überlegen Sie, wie es im Kontrast zu Möbeln aus anderen Ländern oder anderen Jahrhunderten wirken würde.

Vergessen Sie nicht, dass der Schlüssel zum erfolgreichen Einrichten mit Antiquitäten nicht unbedingt immer Tradition sein muss. Das Konzept bewusster Stilmischungen wird schon seit Jahren in der Inneneinrichtung gepflegt. Das bedeutet, dass antike Stücke ebenso zu modernen wie zu historischen passen können. Worauf es weitaus mehr ankommt, ist optische Harmonie – und das ist keine Frage des Alters. Die einzige Regel ist, dass die Mischung ästhetisch ausgewogen sein soll. Man kann einen chinesischen Tisch aus dem 19. Jahrhundert wunderbar mit einem Art Deco-Spiegel kombinieren, oder vielleicht ein prächtiges indisches Betthaupt in Elfenbein und Silber aus dem 19. Jahrhundert mit einem Regency-Sessel mit grauem Flanellbezug.

Stellen Sie sich einen vergoldeten Barocksessel in einem minimalistischen Apartment vor, oder eine 1000 Jahre alte Amphore im kühl schimmernden Bad einer modernen Stadtwohnung. Bei einer gelungenen Einrichtung kommt es auf die Wirkung an – und manchmal auf den Überraschungseffekt.

Denken Sie daran, dass ein schönes Stück erst im richtigen Gewand seine volle Wirkung entfaltet. Anrichten, Bücherschränke, Betten und Tische

RECHTS Eine ungewöhnliche Kollektion von Uhren unter Glas wurde auf ledergebundenen Büchern in der Bibliothek eines Sammlers arrangiert. Die Einfassungen aus farbigen Kunstedelsteinen bringen die Modelle aus England, Amerika und der Schweiz erst richtig zum Funkeln.

kommen erst mit dem passenden Zubehör richtig zur Geltung. Planen Sie in Ihrem Budget auch die Extras ein, um Ihr Schmuckstück richtig herauszuputzen.

DIE RICHTIGE PRÄSENTATION

Man kann nicht genug betonen, wie viele Gestaltungsmöglichkeiten es durch die unterschiedliche Präsentation der Möbel gibt. Manche Leute geben viel Geld für Möbel, Bilder und andere Dinge aus, nehmen sich aber nur wenig Zeit für das so wichtige Aufstellen und Dekorieren.

Natürlich gibt es Menschen mit mehr oder weniger Talent zum Einrichten, Bücher und Zeitschriften geben jedoch reichlich Anregungen. Viel kann man auch lernen, wenn man sich andere Wohnungen genau ansieht. Wer keine Zeit oder Lust hat, eine Sammlung nach und nach zusammenzutragen, kann sie auch komplett kaufen. Sammlungen sind ein dekorativer Blickfang, der einem Raum gleich Charakter gibt. Voraussetzung ist allerdings, dass sie wirkungsvoll arrangiert sind. Überlegen Sie zuerst, wie die Sammlung am besten zur Geltung kommt. Wo stellt man sie auf, soll man sie im Stehen betrachten oder lieber sitzend bewundern ?

Das gleiche gilt für Gemälde und andere Objekte, die an die Wand gehängt werden. Überlegen Sie, wie Bilder gruppiert werden können, wieviel Abstand zwischen ihnen bleiben soll und wie sie beleuchtet werden, damit sie am Tage so gut wie am Abend zur Geltung kommen. Es reicht nicht, einen Scheck auszuschreiben und den Schatz nach Hause zu tragen. Schon beim Einkauf sollte man sich ein geistiges Bild seiner Wohnung machen, der Neuerwerbung darin einen Platz geben und überlegen, wie man sie am besten präsentiert.

GEGENÜBER Innenarchitekten wie die Kalifornierin Judy Wilder stöbern bei Guinevere gern nach aufsehenerregenden Stücken wie diesem venezianischen Spiegel. In den Vitrinenschränken steht Judys eigene Sammlung von seltenem chinesischen Porzellan mit Tabakblattmuster aus dem 18. Jahrhundert. Die große Urnenvase aus edlem *blanc de chine* im Hintergrund ist eine von einem Paar.

RECHTS Dekorativ steht eine klassische Urnenvase aus vergoldeter Bronze neben der Wiener Bronzestatuette eines Jungen, der auf einem Strauß reitet. Der Strauß von Bergmann, dem besten und produktivsten Hersteller von Bronzen in Kaltemail-Technik, ist ein überaus seltenes Sammlerstück.

ANTIQUITÄTEN ALS KAPITALANLAGE

Natürlich haben Antiquitäten außer dem ästhetischen auch einen wirtschaftlichen Wert. Viele Stücke, vor allem Möbel, würden neu genauso viel kosten. Antiquitäten haben jedoch im Gegensatz zu neuen Möbeln einen Wiederverkaufswert. Das heißt nicht, dass man mit ihnen keine Verluste machen kann, denn auch auf dem Antiquitätenmarkt steigen und fallen die Preise. Aber man wird wahrscheinlich einen Teil des Anschaffungspreises wieder hereinbekommen, und in den meisten Fällen kann man Gewinn erzielen. Dennoch sollten Sie nur solche Dinge anschaffen, die Ihnen gefallen – kaufen Sie Antiquitäten nicht nur als Geldanlage. Wählen Sie in wirtschaftlich schwächeren Zeiten preiswerte – oder ganz unwiderstehliche – Stücke. Wenn Sie in Zeiten der Hausse kaufen, vergessen Sie nicht, dass die Preise in einer späteren Rezession auch wieder fallen können.

Die größten Preisunterschiede findet man bei dekorativen *objets d'art,* etwa Teedosen aus Schildpatt oder Elfenbeinfiguren. Solche Stücke haben oft als Teil einer Sammlung besonderen Wert – was sich auf den Preis niederschlägt. Originale kosten einige Tausend Pfund, aber für einige Hundert Pfund kann man gute Reproduktionen finden. Wem es hauptsächlich um die Ästhetik geht, der wird auch hochwertige Nachbildungen akzeptabel finden. Wer jedoch auf die Authentizität von Originalen Wert legt, wird sich mit Reproduktionen nicht zufrieden geben. Das Sammeln von Antiquitäten ist ein Lernprozess. Am Anfang der Sammlerkarriere kauft man ganz andere Dinge als später mit mehr Erfahrung. Im Lauf der Zeit weiß man genau, nach welchen Stücken man suchen muß. Das ist der Moment, in dem man die Grenze zwischen dem Liebhaber und dem Kenner überschreitet.

Einrichten *mit* Antiquitäten

Zunächst muss man sich mit der Grundstruktur eines Raumes befassen. Dazu gehört die Frage, wie der Raum genutzt werden soll, welche Farben man wählt und wie die Lieblingsstücke präsentiert werden sollen. Richtet man sich mit Antiquitäten ein, so sollten diese in das Gesamtkonzept des Raumes integriert werden – im Hinblick auf Größe und Oberfläche, Form und Struktur.

Das Schöne am Einrichten mit Antiquitäten ist auch die Möglichkeit, einen Raum ganz unorthodox aus einem ganz anderen Blickwinkel zu betrachten. Statt zunächst die Farben des Raumes festzulegen und dann passende Möbel zu suchen, haben Sie schon das Herzstück der Einrichtung und können die übrige Gestaltung darauf abstimmen. Das ist oft wesentlich einfacher, weil das Hauptaugenmerk wie von selbst auf Form, Stil, Patina und Ornamentik des als Blickfang gewählten antiken Stückes liegt.

Wir wollen in diesem Buch nun den Prozess des Einrichtens in einzelne, zusammengehörige Einzelschritte zerlegen – das Ausloten des vorhandenen Platzes, die Wahl des Blickfanges, die Farbgestaltung, die Verwendung von Mustern und Texturen, das Präsentieren von Sammlungen, damit es gelingt, ein harmonisches Miteinander von modernen, globalen und historischen Elementen zu schaffen.

LINKS Die Strukturen dieses Raumes – Türen, Stuckdecke und Wandverkleidung – schaffen einen perfekten Hintergrund für ausgewählt schöne Möbelstücke. Die gut durchdachten Ausblicke in die Nachbarräume sorgen für ein optisch gelungenes Gesamtbild.

Kapitel 3 Räume analysieren

LINKS Ein prächtiges, von hinten beleuchtetes Buntglasfenster mit ländlichen Szenen bestimmt die Atmosphäre dieses Badezimmers. Raumhoch, fast wie in einer Kathedrale, lenkt es davon ab, dass der Raum in Wirklichkeit recht eng ist. Die verspiegelten Rundbögen an den Wänden setzen den Effekt fort.

GEGENÜBER Eine Diele kann durchaus ein eigenständiger Raum sein. Wo Platz und architektonische Qualität vorhanden sind, sollte man die Proportionen betonen, wie hier durch das auffällige geometrische Muster auf dem Boden, an der sich auch die Position der Möbel ausrichtet.

Die meisten Menschen, die einen Raum einrichten, sehen sich den Grundriss an und kaufen dann passende Möbel und Accessoires. Gehen Sie einmal anders an die Sache heran. Studieren Sie zuerst alle Räume, die Sie zur Verfügung haben. Achten Sie auf die Proportionen, die Aussicht, bauliche Details, Baujahr, Tageslicht usw. Dann überlegen Sie, wer die Räume benutzen soll, und wofür. Denken Sie an alle Familienmitglieder, Haustiere und Freunde.

Ändert sich die Nutzung eines Raumes zwischen Tag und Nacht, Winter und Sommer? Wieviel Flexibilität benötigen Sie, wird jeder Raum seinem Zweck gerecht?

Dann überlegen Sie, was verbessert werden kann. Das Skelett eines Raumes sind seine Fenster, Türen, Decken-, Fuß- und Bilderleisten. Betonen Sie solche Elemente, indem Sie sie vergrößern – sie bilden den Rahmen für die Gestaltung Ihrer Einrichtung.

LINKS In kleinen Wohnungen sollte man tote Ecken, Treppenabsätze und Nischen nutzen. Sie können – schön dekoriert – die Atmosphäre des ganzen Hauses verbessern. Hier bilden ein tibetanisches Schränkchen und der reich geschnitzte, vergoldete William-IV-Spiegel einen reizvollen Kontrast.

GEGENÜBER Achten Sie auf den Blick von einem Raum in den anderen. Hier ziehen Symmetrie und Eleganz zweier benachbarter Räume den Blick an, ohne die Perspektive zu unterbrechen. Ein schön angestrahltes Tudor-Porträt zieht den Blick magnetisch an.

Vielleicht möchten Sie Räume vergrößern, Wände durchbrechen oder Bereiche abtrennen. Natürlich muß man die finanzielle Seite solcher Maßnahmen bedenken, doch die Investition kann sich durchaus lohnen, wenn ein besser geschnittener, heller und großer Raum das Ergebnis ist.

Wenn Ihnen der Raum selbst zusagt, überlegen Sie, wie Sie seine Vorzüge durch Möbel und Dekorationen am besten hervorheben. Haben Sie beim Einkauf immer ein genaues Bild Ihres Raumes vor Augen. Es kommt nun darauf an, ein Ankerstück zu finden, das Sie sich spontan in diesem Zimmer vorstellen können – ein Möbel, einen Kunstgegenstand oder ein architektonisches Detail. Ist dieser Ausgangspunkt einmal geklärt, können Sie die restliche Gestaltung darauf aufbauen.

Diese Vorgehensweise ist vor allem beim Einrichten mit antiken Möbeln unerläßlich. Schon weil es Einzelstücke sind, kann man sie nicht nach Maß kaufen. Sie werden kaum eine Idee aus einer Zeitschrift oder einem Buch übernehmen können, weil Sie die abgebildeten Antiquitäten ganz einfach kein zweites Mal finden werden. Sie könnten zwar einen Nachbau in Auftrag geben, doch das würde weder ästhetisch noch wirtschaftlich einen Sinn machen.

Verglichen mit Originalen haben Reproduktionen einen sehr geringen Wiederverkaufswert, und sie besitzen auch nicht dieselbe Ausstrahlung. Stellen Sie einen Bücherschrank aus dem 18. Jahrhundert neben eine Kopie, fällt der Unterschied sofort ins Auge – weniger in Form und Größe als in den verwendeten Materialien und der Oberflächenbehandlung. Seien Sie sich von Anfang an darüber klar, daß Sie niemals passende Antiquitäten für ein bestimmtes Zimmer kaufen können, sondern dass Sie stets das Zimmer um die Antiquitäten herum einrichten müssen.

VERKEHRSADERN

Überlegen Sie, wie die Menschen sich in der Wohnung von Raum zu Raum bewegen, wie also die

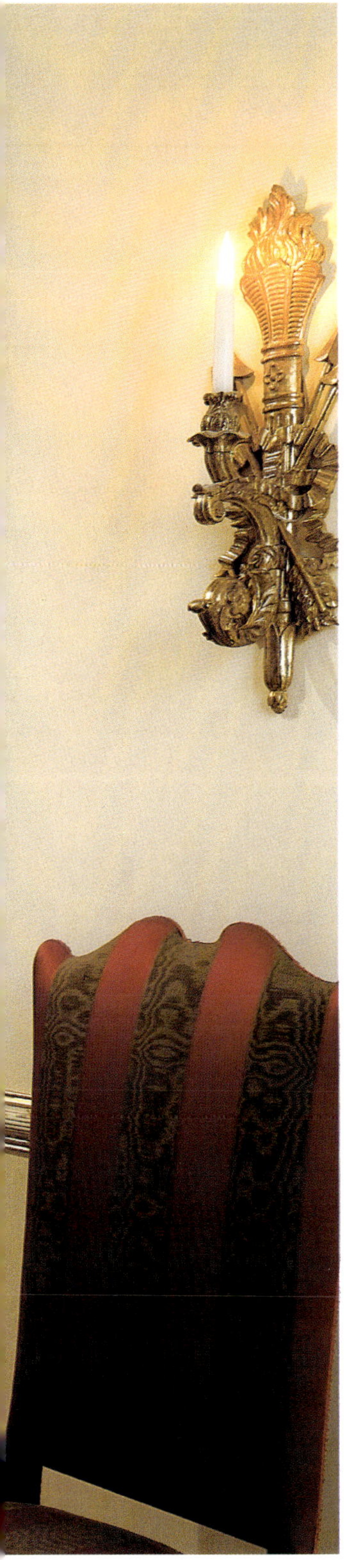

Sehr oft setzen schon die Proportionen eines Raumes der gestalterischen Kreativität Grenzen. Ich benutze antike Möbel auch, um das Auge zu täuschen, um Wände größer und Decken höher wirken zu lassen. Ein mächtiger Bücherschrank, ein Bett oder ein Paravent kann die Proportionen eines Raumes optisch vollkommen verändern.

ALIDAD

LINKS Sorgfältig platzierte Möbel können einen Raum größer wirken lassen, als er ist. Dieser Treppenabsatz ist recht schmal, doch das große Ölgemälde mitten auf der Wand schafft optische Weite. Die Proportionen des Konsoltisches, der Stühle und der Wandleuchter betonen diesen Effekt.

Räume verbunden sein müssen. Diese »Verkehrsadern« sind das Skelett des Hauses, die alles zusammenhalten. Die Diele heißt Besucher im Haus willkommen, darum soll die Atmosphäre vor allem einladend sein. Das wichtigste ist, die Diele wie einen eigenständigen Raum zu betrachten, und nicht nur als Durchgang. Sie ist der erste Raum, den man, von draußen kommend, betritt. So hat sie nicht nur Wirkung auf Gäste, sondern auch auf die Bewohner. Schließlich möchte man sich wohl und willkommen fühlen, wenn man nach Hause kommt. Und dafür muß eine freundliche Atmosphäre geschaffen werden.

Die Diele ist eine Hauptverkehrsader – denken Sie also gründlich über die Wege nach, die durch diesen Raum führen. Hier geht es neben der Ästhetik auch um praktischen Nutzen und Sicherheit. Hartböden haben ihre Vorteile, solange sie nicht spiegelglatt poliert werden. Stufen müssen gut beleuchtet sein, auch ein stabiles Treppengeländer zum Festhalten ist wichtig.

Wie leitet die Diele den Eintretenden in die anderen Räume des Hauses weiter? Kann man in andere Räume hineinsehen? Wenn ja, sollte der Blick so einladend wie möglich sein. Machen Sie es Ihren Gästen leicht, Mäntel und Regenschirme loszuwerden, und zeigen Sie ihnen den weiteren Weg ins Haus.

RECHTS Finden Sie Möglichkeiten, ungenutzte Winkel effektvoll in Szene zu setzen. Oft erreicht man mit der richtigen Beleuchtung großartige Wirkungen. Hier stehen zwei imposante Deckenfluter Spalier vor einem Durchgang, der so auch eine klassische Note bekommt. Licht zieht den Blick auf die Marmorbüste am Ende des Ganges.

GEGENÜBER In diesem Keller einer Weinhandlung kann man viel über Raumausnutzung und optische Wirkung lernen. Maßgenau eingebaute Regale sorgen dafür, dass kein Platz verschwendet wird. Die hölzernen Transportkisten wirken wie ein natürlicher Teil der Einrichtung.

Analysieren Sie auch das Treppenhaus. Ist es attraktiv, könnte es durch eine etwas stärkere Betonung noch gewinnen? Wie soll der Übergang zwischen Diele und Treppe oder Treppe und Treppenabsatz gestaltet werden? Gibt es einen Treppenschacht oder eine tote Ecke? Versuchen Sie nicht, solche Elemente zu verstecken, sondern machen Sie etwas daraus. Mit einer schön dekorierten und gut ausgeleuchteten Nische gewinnen Sie einen großartigen Blickfang.

Der Vorteil von Dielen, Treppenhäusern und Treppenabsätzen unter dekorativem Gesichtspunkt ist, dass man hier Grenzen überschreiten kann. Gerade diese Bereiche eignen sich perfekt zum Präsentieren von Kunstgegenständen oder ausgefallenen Möbelstücken. Selbst eine kleine Diele gewinnt enorm, wenn Sie ein oder zwei Objekte unterbringen, die groß genug sind, um den Blick auf sich zu ziehen.

DAS BÜHNENBILD PLANEN

Ein Zuhause soll praktisch und ästhetisch gelungen sein. Der vorhandene Platz muß vor allem unter dem Gesichtspunkt seiner Nutzung gesehen werden. Das ist natürlich eine sehr individuelle Entscheidung, die nicht unbedingt konventionellen Einrichtungskonzepten folgen muss. Zum Beispiel sollten leidenschaftliche Sammler genügend Platz für ihre Exponate einplanen.

Wenn man ein Haus kauft, bezahlt man vor allem für den Raum. Also gilt es, jeden Quadratmeter zu nutzen. Stauraum ist das Zauberwort – doch ist dies nicht nur eine Frage der Menge von Schränken und Schubladen. Vielmehr soll ein Zuhause Ihren ganz persönlichen Bedürfnissen gerecht werden. Besitztümer müssen adäquat verstaut, aber auch im rechten Licht präsentiert werden – vom Wein im Keller über die Mäntel im Flur bis hin zu CDs und der Aufhängung von Bildern.

SAINT-EMILION 1er GRAND CRU CLASSÉ
F.W.F. 6164
LONDON
SHERRY
ALE
MADEIRA
WHISKY
GIN
PORT
LES FORTS DE LATOUR
CHATEAU BRANAIRE
DULUC DUCRU
CHEVAL-BLANC
CHau LA LAGUNE
CALON-SEGUR

LINKS Die gotisierenden Bögen werden durch die Mantelhaken betont. Eine halbhohe Täfelung unterbricht die große Wandfläche. So wirkt der Flur interessanter und die hohe Decke niedriger.

Betrachten Sie einmal den wichtigsten gemeinsam genutzten Raum Ihrer Wohnung – in den meisten Fällen das Wohnzimmer. Es muß zahllose Funktionen erfüllen. Vielleicht ist es der Raum, in dem Sie sich entspannen, fernsehen, Musik hören, Besuch von Freunden empfangen. Er kann zugleich Arbeitszimmer, zweites Esszimmer oder Spielbereich der Kinder sein.

Die meisten Menschen betrachten das Wohnzimmer vor allem als Ruhezone, wo sie abends abschalten oder die Gesellschaft von Freunden genießen möchten. Geht es Ihnen ähnlich, so versuchen Sie, einige der Familienaktivitäten und alles, was dazu gehört, in einen anderen Bereich des Hauses zu verbannen. Sie können aber auch dem Raum all seine Funktionen belassen und nach anderen Möglichkeiten suchen, alle nötigen Gebrauchsgegenstände zu verstauen.

Auch im Schlafzimmer ist grundsätzlich viel Stauraum erforderlich. Welche Funktionen soll der Raum erfüllen? Gibt es ein separates Ankleidezimmer, oder müssen alle Kleidungsstücke hier untergebracht werden? Lesen oder telefonieren Sie gern im Bett? Überlegen Sie auch, ob Ihnen Ihr Schlafzimmer überhaupt gefällt. Vielleicht wäre Ihnen eine ruhigere, sinnlichere oder prunkvollere Einrichtung lieber. Ankleidezimmer sind etwas wunderbar Praktisches, weil man dort einen großen Teil des alltäglichen Chaos verstauen und die Tür kurzerhand schließen kann.

Prüfen Sie nun alle Ihre Räume unter diesen Gesichtspunkten. Das Resultat soll nicht nur fantastisch aussehen, sondern auch reibungslos funktionieren.

DEN PLATZ OPTIMAL NUTZEN

Erst nachdem Sie die funktionalen Probleme mit Hilfe von Stauraum gelöst haben, entscheiden Sie, welche Atmosphäre Sie schaffen wollen. Dabei müssen Sie die baulichen Details Ihres Hauses analysieren, ihre Vorzüge und Nachteile abwägen. Nur wenige Häuser sind so perfekt, dass keine Verbesserungen denkbar sind. Sie müssen jedoch nicht gleich Archi-

RECHTS Selbst die kleinste Ecke kann mit einem dekorativen Blickfang an Bedeutung gewinnen. Das marmorne Medusenhaupt auf seinem Sockel hat exakt die richtigen Proportionen für diese Ecke, und er passt perfekt zu der interessant überwölbten Diele.

tekten und Maurer bestellen. Kleine Mängel, etwa ein enger Flur, eine niedrige Decke oder ein ungünstig gelegener Kamin können leicht kaschiert werden. Mit der richtigen Dekoration oder günstig gestellten Möbeln kann man das Auge täuschen und die Proportionen eines Raumes erheblich verbessern.

Es geht darum, das Negative zu kaschieren und das Schöne zu betonen. Haben Sie beispielsweise ein dekoratives Fenster mit einem schönen Blick, so ist eine ganz schlichte Dekoration am besten. Verstecken Sie also die Aussicht nicht hinter dichten Bahnen von Stoff. Haben Sie schöne Stuckleisten und Rosetten an den Decken, leisten Sie sich einen prachtvollen Kronleuchter, der den Blick nach oben lenkt. Gibt es einen klassischen Kamin, so rücken Sie ihn mit einem Spiegel, schönem Kaminbesteck und allem, was dazugehört, ins rechte Licht.

Und wenn Sie all das nicht haben? Dann müssen Sie auf die Suche nach solchen »Hinguckern« gehen, mit denen die fehlenden architektonischen Reize ausgeglichen werden. Vielleicht bleibt Ihr Blick beim Einkaufsbummel an einem Tisch, einem Gemälde oder einem Teppich hängen. Suchen – oder finden – Sie etwas, das Ihnen spontan ins Auge springt – und auch jedem anderen, der den Raum betritt. Dann lassen Sie von dieser Basis aus Ihre Fantasie schweifen.

Es geht also darum, Geld für einen Blickfang auszugeben. Nicht zuletzt wird er auch für Gesprächsstoff bei Ihren Besuchern sorgen. Öffentliche Räume des Hauses – Wohnzimmer, Esszimmer und Diele – sind darum der perfekte Rahmen für ein imposantes Gemälde, eine Skulptur oder eine interessante Sammlung. Zugleich können solche Dinge von den weniger vorteilhaften Seiten eines Raumes ablenken.

Vor allem im Esszimmer geht es darum, eine für Gäste einladende Atmosphäre zu schaffen. Ideal ist ein Raum, der sich für ein gemütliches Sonntagsfrühstück mit Familie oder Freunden ebenso eignet wie für ein festliches Abendessen. Ob das nun ein separates Zimmer oder der Wintergarten ist – es kommt vor allem darauf an, dass man sich beim Essen wohl fühlt. Die Stühle sollten bequem sein, die

GEGENÜBER Kunstvoll profilierte Säulen und Bögen führen den Blick von einem Raum zum nächsten. Der klassizistische russische Tisch aus dem 18. Jahrhundert setzt einen klaren Akzent. Auf ihm steht eine italienische Marmor-Tazza, einst ein beliebtes Souvenir von der Grand Tour.

RECHTS Mit Grafiksammlungen wurden in Schlössern und Herrenhäusern aus kleinen Räumen oft Galerien. Davon angeregt, bekam dieser Flur ein Regency-Flair, mit Ovalen, aus Toile du Jouy geschnitten und gerahmt. Die symmetrische Anordnung harmoniert perfekt mit der Büste und anderen klassischen Details.

Beleuchtung sanft, die Temperatur behaglich und der Tisch ausreichend groß. Zwar bildet der Esstisch das Kernstück des Raumes, doch muss er nicht zugleich das teuerste Möbel sein. Wenn er mit schönem Leinen gedeckt ist, mit Silber, Porzellan, Gläsern, Kerzen und Blumen, sieht niemand mehr, ob darunter Kirschbaumholz oder eine Spanplatte ist. Auch bei Stühlen achtet man meist vor allem auf den Sitzkomfort, darum spielt die Polsterung eine größere Rolle als Stil oder Herkunft. Auch im Esszimmer ist Stauraum gefragt. Ein Sideboard bietet Platz für Geschirr und kann zugleich als Anrichte für das Essen dienen.

DRINNEN UND DRAUSSEN VERBINDEN

Es wird immer selbstverständlicher, Garten, Balkon oder Terrasse als vollwertigen Bestandteil der Wohnung zu betrachten wie Wohnzimmer oder Küche.

GEGENÜBER Der gusseiserne Wintergarten bildet den idealen Hintergrund für die zweifarbigen französischen Bistromöbel aus Weide (um 1870) und den viktorianischen Diwan. Der Brunnen gehörte zum Haus, auf dem Sims darüber stehen Stücke der British Great Exhibition von 1851.

LINKS Der Pavillon im japanischen Stil wirkt wunderbar luftig, doch ist er wegen des skandinavischen Ofens auch in der kalten Jahreszeit gemütlich. Lackierte Stühle aus dem 19. Jahrhundert und Klapptische aus dem späten 18. Jahrhundert fügen sich gut in das sonst moderne Interieur ein.

Das liegt einfach daran, dass die meisten Menschen sich lieber draußen als drinnen aufhalten, sofern das Wetter es zulässt. Vor allem das Essen im Freien macht Vergnügen – und es scheint einfach besser zu schmecken.

Vielleicht werden aus diesem Grund die konventionellen Esszimmer immer seltener. Wir essen lieber in der Küche, im Frühstückszimmer oder im Wintergarten – möglichst mit direkter Verbindung zum Garten. Solche Räume haben einen Doppelnutzen. Man kann bei schönem Wetter direkt in den Garten gehen, und bei Regen Schutz genießen, ohne auf die Aussicht zu verzichten. Wen wundert es, dass man hier auch gern mit Gästen zusammensitzt.

Wer einen Wintergarten bauen will, sollte Beleuchtung, Heizung und Lüftung so planen, dass der Raum das ganze Jahr hindurch und zu jeder Tageszeit genutzt werden kann. Bedenken Sie auch, wie wichtig in solchen Räumen die Aussicht ist. Wer hier stilvoll speisen will, sollte auch die Gartenbeleuchtung nicht vergessen. Natürlich passen Antiquitäten wunderbar in diesen Rahmen. Fraglos haben solche Räume für die Atmosphäre eines Hauses große Bedeutung, deshalb verdienen sie die gleiche Sorgfalt bei der Einrichtung wie alle anderen Räume. Attraktive Blickpunkte, edle Möbel und schöne Accessoires sind hier genauso wichtig wie in allen anderen Wohnbereichen.

DECORATIVE ARTS IN EUROPE 1790-1850
EMPIRE
LIGHTING
STEUBEN

Kapitel 4 Das Ankerstück

GEGENÜBER Der mächtige Mahagonitisch (Empire, um 1810) mit den kunstvoll geschnitzten Beinen bestimmt den Stil in dieser herrlichen Bibliothek. Das einzigartige Stück würde auch gut in eine Diele oder ein Arbeitszimmer passen. Eine Sammlung von Grand Tour-Objekten betont das klassische Ambiente.

LINKS Eine Kopie des Aquarells *Europäische Würdenträger werden vom Großwesir empfangen* – aus dem Topkapi-Palast in Istanbul – gibt diesem Interieur theatralischen Charme. Die intensiven Farben wiederholen sich in dem Fortuny-Bezug des William-IV-Sofas. Die Draperie ist eine europäische Stickerei aus dem 19. Jahrhundert.

Manchmal sieht man ein antikes Stück und weiß sofort, dass es das Herzstück eines ganz bestimmten Zimmers werden kann. Man möchte dafür einen ganz besonderen Rahmen schaffen, einen Raum, in dem jeder staunend den Atem anhält, der ihn betritt. Nennen wir diese Möbel Ankerstücke – sie werden zum Mittelpunkt, der die gesamte übrige Einrichtung zusammenhält. Das kann ein Möbelstück sein, ein Gemälde, ein Teppich, auch eine Sammlung. Es kommt nur darauf an, dass der Blick schon beim Betreten des Raums gefesselt wird.

Ankerstücke sind herausragende Werke der Designgeschichte. Sie verlangen Achtung, und die sollen sie haben. Wenn Sie eine fabelhafte alte Anrichte besitzen, setzen Sie sie in Szene. Kaufen Sie Gläser, Kristall und edles Porzellan, um dem guten Stück zu schmeicheln. Haben Sie ein dekoratives Bett, dann gönnen Sie ihm das zarteste Leinen und

LINKS Blickfang in diesem Wohnzimmer ist ein Ölgemälde von Johan Wenzel Peter, das einen Löwen darstellt (um 1820). Größe und Motiv sind so machtvoll, dass selbst die reich verzierte Schreibkommode darunter keine Konkurrenz ist. Das exquisite Stück aus Silber, Elfenbein und Rosenholz ist ein Kolonialmöbel aus dem 18. Jahrhundert.

GEGENÜBER Dieser Raum wird beherrscht von einem großen ledernen Wandschirm aus dem 18. Jahrhundert mit einer Karte von England, der an der Wand montiert ist. Links steht ein transportabler Reiseschreibtisch aus Mahagoni auf einem ebenso ungewöhnlichen Untergestell.

die schönsten Decken, die Sie sich leisten können. Ist es ein bedeutendes Gemälde, so achten Sie auf optimale Beleuchtung zu jeder Tageszeit. Manchmal ist viel Aufwand nötig, bis alles wirklich perfekt ist – und manchmal fast gar keiner, weil das Stück allein für sich spricht.

Ankerstücke haben meist zeitlos klassische Qualität und passen daher gleichermaßen in moderne wie in traditionelle Einrichtungen. Form und Gestalt sind häufig markant, aber nicht so überstilisiert, dass Sie auf einen bestimmten Einrichtungsstil festgelegt wären. Ein Paar zierlicher Ebenholztische etwa braucht kaum Accessoires – hier würden sich eine schöne Statue, eine Urnenvase oder ein Wandbehang eignen, vielleicht stellen Sie auch einen üppig gepolsterten Diwan dazu. Dass Sie das richtige Stück gefunden haben, merken Sie daran, wenn Sie beim Betreten eines Geschäftes sofort wie magnetisch

GEGENÜBER Wer es prunkvoll liebt, dem wird diese viktorianische Replik eines gotischen Lehnstuhls gefallen – mit seinem roten Samtpolster wirkt er wie ein Thron. Dieser Stuhl könnte aber auch in einer spartanisch eingerichteten, modernen Wohnung seinen Platz finden und dort für witzige Theatralik sorgen.

LINKS Kein bisschen schüchtern prangt das mächtige Wappenschild mit gemalten Balken, Löwen und Lilien über dem Kamin im Wohnzimmer einer modernen Stadtwohnung. Den strengen Formen entsprechen der griechische Mäanderfries unter der Decke und der chinesische Lackschrank.

angezogen auf ein Möbel zugehen. Es ist Liebe auf den ersten Blick. Da gilt nur eines: Haben Sie den Mut, auf Ihr Herz zu hören.

EIN ANKERSTÜCK AUSWÄHLEN

Oft hat man einen konkreten Raum oder bestimmte Maße im Kopf und will dazu ein passendes Möbel suchen. Gehen Sie es anders an. Eines Tages werden Sie das Möbel sehen, das Sie einfach haben müssen und dem Sie gern einen Rahmen schaffen möchten. Solche Einkäufe macht man mehr mit dem Herzen als mit dem Hirn. Kaufen Sie Ihr Lieblingsstück und richten Sie den Raum darum herum entsprechend ein. Wer versucht, zuerst einen Raum zu gestalten und dann das richtige Stück dafür zu finden, wird am Ende nur faule Kompromisse machen.

Der erste Eindruck zählt. Sie erwerben etwas für sich und für Ihr Zuhause. Wählen Sie nichts, an das Sie sich erst gewöhnen müssen, und kaufen Sie nicht nur, weil der Preis einigermaßen stimmt. Sie müssen das Stück auf Anhieb mögen – dann können Sie weiter überlegen.

Wenn Sie auf Antiquitätenjagd gehen, haben Sie vielleicht einen Spiegel im Sinn. Aber dann sehen Sie einen fabelhaften Teppich. Eigentlich brauchen Sie ihn ja nicht, aber Sie wissen genau, wo er perfekt in Ihr Haus passen würde. Eine innere Stimme mahnt, dass Sie doch einen Spiegel suchen. Ignorieren Sie sie einfach. Wenn Sie den Teppich wirklich haben wollen – kaufen Sie ihn. Den Spiegel können Sie später immer noch suchen. Machen Sie es sich einfach zur Regel, nichts zu bereuen und immer ihrem Instinkt zu trauen.

Wirtschaftlich gesehen machen Sie natürlich ein schlechtes Geschäft, was langfristig jedoch kein Problem ist. Sie freuen sich über diesen Besitz und seine ästhetische Qualität, selbst wenn Sie bei einem späteren Weiterverkauf keinen Gewinn machen.

LINKS Der übergroße klassizistische Spiegel passt perfekt in dieses puristische Ambiente. Er wiederholt die Proportionen des Fensters und lenkt die Aufmerksamkeit mehr auf die Architektur des Raumes als auf die Möblierung. Ein französischer Sessel aus Obstbaumholz (ca. 1730–1770) bildet einen zweiten Blickfang.

GEGENÜBER Die vergoldete und geschnitzte Louis-XVI-Flügeltür aus dem späten 18. Jahrhundert sorgt für eine reizvolle Note in diesem sonst schlichten Esszimmer. Nur gute, in Ehren gealterte Stücke besitzen eine so subtile Textur der Oberfläche.

Antiquitäten sind mehr wert als ihr Geld – sie sind ein Stück lebendige Geschichte, und ihr Wert liegt auch in der Kombination schöner Materialien, in meisterlicher Handwerkskunst und feinen Details. Sehen Sie Antiquitäten unter diesem Aspekt, und Sie werden nie einen Kauf bereuen.

TYPOLOGIE DER ANKERSTÜCKE

Ankerstücke sind meistens groß. Allerdings haben Form, Farbe und Struktur im Grunde mehr Bedeutung als die Größe, denn sie liefern die Anregung für die Gestaltung eines ganzen Raums. Kaufen Sie Antiquitäten nicht als Investor, sondern als Dekorateur. Zwar soll das Herz den Ausschlag geben, doch der Kopf darf auch mitreden. Denken Sie praktisch – Größe ist ein wichtiger Gesichtspunkt: Das Stück muss durch die Tür oder die Treppe hinauf geschafft werden.

Denken wir zunächst über Möbel nach. Schauen Sie nicht nur auf Größe und Form eines Bettes, eines Bücherschrankes oder Tisches, sondern auch auf seine Oberfläche. Stellen Sie sich eine rote chinesische Ledertruhe aus dem 19. Jahrhundert vor. Blickfang sind vor allem die Patina des Leders, die wuchtigen Schlösser und das indigoblaue Seidenfutter. Eine solche Truhe ist sehr vielseitig. Sie könnte als Ottomane am Fußende eines Bettes stehen, aber ebenso gut als Couchtisch in einem modernen Wohnzimmer.

Ein chinesischer lackschwarzer Bücherschrank aus dem 18. Jahrhundert kann von der Form her sehr modern wirken. Interessant wird er durch das Holz, das durch den Lack zu schimmern beginnt. Solche altersbedingten Effekte lassen sich auch mit den besten Spezialfarben nicht herbeizaubern, und gerade sie geben diesen Möbeln ihren besonderen Charakter.

Ein großes französisches Büfett aus dem 18. Jahrhundert mit kassettierten Türen, in einer subtilen Farbkombination aus Creme, Grau und pudrigem Blau bemalt, gewinnt seinen besonderen Reiz durch die hier und da abgeblätterte Farbe oder die Tiefe der Schnitzerei. Gefüllt mit edlem Porzellan sieht es so hinreißend aus, dass im Zimmer kaum eine andere Dekoration nötig ist.

Nun muss ein Ankerstück nicht unbedingt ein Möbel sein. Auch Gemälde können alle wesentlichen

Wir versuchen, Effekte zu zaubern, ähnlich wie in einer Filmkulisse. Antiquitäten schaffen enorm viel Atmosphäre in der Einrichtung, weil sie ein Gefühl von Beständigkeit vermitteln. Es kommt darauf an, ein zentrales Stück zu finden, das in Struktur und Form überzeugt, aber auch die Spannung des Unerwarteten birgt. Ich mag gern witzige oder verrückte Dinge, viel lieber als einfach langweilige, braune Möbel. Antiquitäten geben einer Einrichtung oft den besonderen Pfiff.

VIVIEN GREENOCK VON SYBIL COLEFAX AND JOHN FOWLER

GEGENÜBER Dielen und Treppenhäuser sind ein idealer Rahmen, um Bilder, Skulpturen und andere Kunstobjekte zu präsentieren, weil sie oft die Atmosphäre einer Galerie haben. Der große Bronzehund wurde auf einen Sockel gestellt, so dass man ihn immer bewundern kann – ob man nun von oben oder von unten kommt.

Anregungen zur Auswahl von Farben, Stoffen und Texturen des umgebenden Raumes liefern. Und ein großer vergoldeter Spiegel kann als Ankerstück so beeindruckend wirken, dass der Raum kaum eine andere Dekoration braucht. Selbst Sammlungen können diese Funktion erfüllen, wenn ihre Präsentation mehr Gewicht hat als die reine Masse.

ANKERSTÜCK UND RAUMWIRKUNG

Viele Menschen richten ihre Häuser eher langweilig ein. Sie verzichten auf dominante Elemente, fast als hätten sie Angst vor einem großen, wichtigen Stück. So verteilen sie lieber überall die verschiedensten Kleinigkeiten. Dabei kann in einem kleinen Raum ein großes Objekt viel mehr Wirkung als 20 kleine haben.

Wer optische Akzente setzen will, darf nicht ängstlich und kleinkariert denken. Wenn Sie ein großes Möbelstück stellen können, tun Sie es!

Überproportionierung hat in der Innenarchitektur eine lange und anerkannte Tradition, sie ist im Grunde einer der bekanntesten Kunstgriffe aus der Trickkiste von erfahrenen Innenarchitekten.

Einen idealen Raum wird man selten finden. Mal ist die Decke zu niedrig, mal die Deckenleiste zu schmal, mal stimmen die Proportionen einfach nicht. Und die wenigsten Leute haben Zeit, Geld und Lust für große Umbauten. Statt dessen kann man aber ein schönes, großes Möbelstück als Ausgleich für solche Nachteile einsetzen. In einem Raum mit niedriger Decke kann ein hoher Wandschirm oder ein Himmelbett optisch Höhe simulieren und so das Auge täuschen.

Es ist jedoch ein Fehler, viele Kleinigkeiten in einen Raum zu zwängen, die dann nur die baulichen Schwächen betonen. Wer kleine Räume schüchtern dekoriert, stellt nur ihre Mängel heraus. Das Geheimnis übergroßer Möbel liegt darin, dass die Proportio-

LINKS Die tiefe französische Badewanne aus dem 19. Jahrhundert ist ein Gewinn für das kleine Gästebad. Ihre Größe und Tiefe lenkt von den eher ungünstigen Proportionen des Raumes ab. Für Behaglichkeit sorgt ein Frisiertisch mit Spiegel.

GEGENÜBER Ein Ankerstück kann ebenso dekorativ wie praktisch sein. Hier sorgt eine Mahagoni-Garderobe in Form einer Schlange – ein seltenes Stück aus dem frühen 19. Jahrhundert – für einen nachhaltigen ersten Eindruck beim Betreten der Diele.

nen des Raumes kaum noch auffallen, weil der Raum selbst nicht mehr so wichtig ist. Wenn Sie also vier Wände haben, hängen sie nicht an jede ein Bild. Es ist besser, wenn die vier Bilder zusammen hängen, noch besser wäre ein einziges wandfüllendes Gemälde oder ein Spiegel in einer Größe, die suggeriert, dass der Raum großzügiger ist, als es scheint. Seien Sie einfach ein bisschen mutiger als Sie es normalerweise sind. Dann wird jeder, der in diesen Raum kommt, begeistert sein.

Übergröße ist nicht nur in kleinen Räumen wirkungsvoll. Wer das Glück hat, großzügige Räume zu besitzen, braucht auch Möbel, die ihnen gerecht werden. Das heißt aber noch mehr Selbstvertrauen und Mut zur Größe. Selbst wenn Sie Ihr ganzes Budget für ein einziges, das richtige, Stück ausschöpfen, kann sich die Ausgabe lohnen. Alles andere können Sie dann später noch besorgen. Es wäre aber ein Fehler, das Budget auf viele Kleinigkeiten zu verteilen, von denen am Ende keine recht zur Geltung kommt.

AUSGANGSBASIS ANKERSTÜCK

Vielleicht haben Sie ein so spektakuläres Möbel ergattert, dass eine weitere Raumdekoration fast überflüssig wird. Aber Sie möchten wahrscheinlich diesem Prachtstück auch einen passenden Rahmen geben. Studieren Sie sorgfältig Farbe, Muster und Oberfläche Ihres Ankerstückes und lassen Sie sich davon anregen. Wie bringen Sie Form und Stil am besten zur Geltung, welchen Hintergrund könnten Sie wählen?

Vergessen Sie bei der Planung auch die Beleuchtung nicht. Mit dem Licht steht und fällt die Wirkung des ganzen Raumes, bei schlechter Beleuchtung kann das schönste Zimmer langweilig und fade aussehen. Gerade Ankerstücke verdienen gutes Licht, das ihre Bedeutung unterstreicht. Das gilt nicht nur für Statuen, Gemälde und andere Objekte. Auch die Patina eines Möbelstücks sonnt sich gern im besten Licht.

LINKS Ankerstücke müssen nicht groß sein – eine interessante Form oder raffinierte Ornamentik kann ebensoviel Aufmerksamkeit erregen. Diese kunstvoll lackierte und vergoldete italienische Urnenvase mit den dekorativ geschwungenen Griffen ist ein gutes Beispiel, wie man auch einem modernen Ambiente unkonventionellen Charme geben kann.

RECHTS Der Seidenwandschirm ist im Stil des 19. Jahrhunderts mit einer italienischen Landschaft in zarten Grau- und Ockertönen bemalt. Die florentinischen Bezugsstoffe für die Polstermöbel passen perfekt dazu. Wandschirme sind eine gute Anschaffung: Sie sind nicht nur dekorativ, sondern können auch problemlos umgestellt werden.

Nur wenige Menschen können einen leeren Raum sehen und sich sofort seine Gestaltung vorstellen. Meist müssen wir Ideen sammeln, die uns Entscheidungshilfe geben. Es kann hilfreich sein, ein Polaroid-Foto des Ankerstücks auf ein großes Brett zu pinnen und darum eine Ideensammlung anzulegen: Farb- und Stoffmuster, dazu Ausschnitte aus Zeitschriften. So können Entscheidungen über die Gestaltung langsam wachsen.

Der Vorteil dieses Vorgehens ist, dass Sie mit konkreten Objekten umgehen und nicht mit vagen Vorstellungen. Sie können leicht ausprobieren, wie verschiedene Muster oder Farben miteinander harmonieren. Sie können spielen, hinzufügen und wegnehmen, ganz nach Belieben, bis Ihnen die Kombination gefällt.

Vielleicht können Sie nicht alle Ideen sofort umsetzen, doch das Schöne an einem Ankerstück ist, dass das auch nicht nötig sein wird. Es hat genug Wirkung, um von Mängeln im Raum abzulenken. Selbst wenn Sie nur den Boden abschleifen und die Wände streichen: Der Raum wird an Stil gewinnen.

Die schönsten Ankerstücke sind immer ein Blickfang – seien sie nun groß und prunkvoll oder schlicht und kühl. Manche Möbel sind so perfekt, dass sie mit fast jeder Einrichtung harmonieren. Alter oder Herkunft spielen dabei kaum eine Rolle, ihre Qualität liegt vielmehr in einer Schönheit, die über jede Mode erhaben ist. Viele Innenarchitekten haben solche Lieblingsstücke, von denen sie sich niemals trennen würden – auch wenn sich ihr Geschmack im Lauf der Zeit wandelt.

Lassen Sie Augen und Herz wählen, weniger das Scheckbuch. Sie gewinnen immer, denn selbst wenn es ein Fehlkauf war, wird sich bestimmt jemand anderes finden, den gerade dieses Möbelstück begeistert. Und wenn Sie nicht gleich kaufen, dann kommen Ihnen andere vielleicht zuvor.

Kapitel 5 Farbe

LINKS Weiß- und Cremetöne können erstaunlich lebendig wirken, wenn sie geschickt inszeniert werden. Hier leuchtet eine Palais Royal-Schreibgarnitur aus Perlmutt vor dem Hintergrund des rot lackierten Queen-Anne-Schreibtisches. Ein geübter Blick erkennt die Bedeutung solcher kleinen Stilleben für die Atmosphäre eines Raumes.

GEGENÜBER Antike Textilien geben diesem üppig ausgestatteten Wohnzimmer ein besonderes Flair. Der Mogul-Wandbehang aus dem 18. Jahrhundert über dem Sofa besteht aus Samt und war ursprünglich für ein Zelt bestimmt. Der Wirkung seiner intensiven Farben kann man sich nicht entziehen.

Die bedeutendste Revolution im Design der letzten zehn Jahre war eine Explosion der Farben. Die Hochglanz-Wohnzeitschriften beweisen, dass diese Entwicklung noch lange nicht beendet ist. Nun ist Farbe in der Inneneinrichtung nichts Neues. Sehen Sie sich in einem Antiquitätengeschäft um, und Sie werden überall intensive Farben entdecken. Wenn man bedenkt, dass diese Farben einige Jahrhunderte Zeit zum Ausbleichen hatten – wie leuchtend müssen sie ursprünglich einmal gewesen sein! Farbe hat belebende und anregende Wirkung. Setzen Sie Farbe ein, um die positiven Elemente Ihrer Wohnung zu betonen. Weil Farbe die Basis der Raumgestaltung ist, sollte man sich reichlich Zeit nehmen, um die perfekte Kombination zu finden. Spielen Sie alle Möglichkeiten ausgiebig durch, und Sie werden enormen Spaß bei der individuellen Gestaltung Ihrer Wohnräume haben.

RECHTS Neutrale Farben sind der ideale Hintergrund für eine Kombination aus modernen und antiken Möbeln. Die beiden italienischen Sessel (19. Jahrhundert) aus hell gebleichtem Holz spiegeln die symmetrische Anordnung des Interieurs wider. Einen interessanten Akzent setzen die beiden alten Holzurnen.

GEGENÜBER Das in zarten Blau- und Grautönen gehaltene Zimmer wird durch die Bezüge der französischen Sessel aus lebhaft gemustertem Stoff im Bloomsbury-Stil belebt. Gemälde aus dem frühen 20. Jahrhundert und ein modernes Leuchtobjekt schlagen die Brücke zwischen Vergangenheit und Gegenwart.

FARBE EINSETZEN

Ein Vorteil des so wesentlichen Ankerstücks ist, dass Sie auch einen Ausgangspunkt für die Farbgestaltung haben. Das ist viel einfacher als etwa einen Raum zuerst gelb zu streichen und dann nach passenden Möbeln zu suchen. Das Ankerstück kann durchaus mit mehreren verschiedenen Farben harmonieren, vor allem, wenn es sich um ein Gemälde oder einen Teppich handelt. Insofern wird es Ihre Kreativität keineswegs einengen.

Sehen Sie sich die Farben der Oberfläche genau an. Der Umgang mit Farbe verlangt Selbstvertrauen. Vergessen Sie nicht, dass Sie Ihr Lieblingsstück betonen – und nicht etwa herunterspielen wollen. Im Grunde haben Sie die Wahl zwischen drei Gestaltungsmöglichkeiten.

Zunächst könnten Sie sich für ein Konzept mit einheitlicher Tonigkeit entscheiden. Stellen Sie sich eine Reihe von Buntstiften vor, etwa in Grau, Blau, Gelb, Rosé und Creme. Keine Farbe dominiert, und doch scheinen alle miteinander zu harmonieren. Nehmen wir nun an, Sie wollen ein blaues Zimmer gestalten, ausgehend von einem vergoldeten Stuhl aus verwittertem grauen Holz mit einem verblassten blauem Bezug. Sie müssen sich keineswegs auf Blau beschränken. Auch andere, zum Möbel passende Farben können verwendet werden, solange Blau das Übergewicht behält. Wenn Blau die einzige Farbe im Raum ist, kann sie sogar so dominant werden, dass sie das Möbel optisch erdrückt, das Sie doch eigentlich betonen wollen.

Das Schöne am Gestalten mit Farben gleicher Tonigkeit ist, dass man fast alle Nuancen problemlos kombinieren kann. Wichtig ist nur, dass die Farbintensität etwa gleich bleibt. Versuchen Sie nicht, ein zartes Puderblau mit Salbeigrün oder Senfgelb zu kombinieren. Ein intensives Indigoblau dagegen würde ausgezeichnet zu diesen verschwommenen

This Indenture
This Indenture
This Indenture
This Indenture
Indenture

GEGENÜBER Beim Zusammenstellen eines so farbenfrohen Arrangements wie den Gläsern in diesem dekorativen Bücherschrank sollte man auch den Hintergrund sorgfältig wählen. Hier sorgen Kalligraphien auf Pergament auf verblüffende, aber wirkungsvolle Weise dafür, dass der Blick an den Farben haften bleibt. Dennoch hat der Hintergrund ein dezentes Eigenleben.

LINKS Auch bei Sammlungen sollte man eine Farbe den Ton angeben lassen. Die Vasen aus Cranberry-Glas und klarem Glas aus dem 19. Jahrhundert wirken im Gegenlicht besonders schön. Die schweren Paisley-Vorhänge wiederholen die Leitfarbe und bilden zugleich einen Hintergrund für die Nuancen der Lichtbrechung.

Tönen passen. Wer alte Möbel einmal genauer betrachtet, wird oft feststellen, dass die Gestalter schon an Komplementärfarben gedacht haben. Sie brauchen solche Anregungen nur noch auf die Raumgestaltung zu übertragen.

Die zweite Möglichkeit besteht darin, sich innerhalb des Spektrums einer Farbfamilie zu bewegen. Das Zentrum der Familie der Rottöne etwa bildet ein tiefes Karmesin – in der einen Richtung schließen sich Orange- und Brauntöne an, in der anderen dagegen Rosa- und Purpur-Nuancen. Das blaue Spektrum beginnt bei Violett und reicht bis Türkis und den Anfängen der Grünfamilie. Hier kommt es weniger auf die Farbintensität im Einzelnen an als vielmehr auf eine Verwandtschaft der Farbtöne.

Kehren wir zurück zum blauen Zimmer mit dem alten französischen Stuhl. Man könnte viele verschiedene Blautöne verwenden, und als Akzent vielleicht Nuancen aus dem Grenzbereich der Farbfamilie, etwa Violett. Ein solcher Farbakzent hat die gleiche Funktion wie ein bunter Schal zu einem schwarzen Kostüm: Er wirkt als belebender, charmanter Blickfang, ohne vom Gesamtbild abzulenken. Diese Dekorationstechnik eignet sich besonders gut, wenn man intensive Farben, wie etwa leuchtendes Rot, einsetzen will.

Die dritte und gewagteste Möglichkeit ist die Gestaltung in starken Kontrastfarben. Hier geht es um den gewollten Überraschungseffekt: Wer den Raum betritt, ist erst einmal verblüfft. Extrem ist diese Wirkung natürlich mit knallig bunten Farben, doch sie zu verwenden braucht es schon Geschick und einigen Mut. Farbkontraste in der Inneneinrichtung sind ein altbewährter Kunstgriff, der heute in modernen Interieurs wieder eine große Rolle spielt. Denken Sie noch einmal an den kühlen, Ton in Ton gestalteten blauen Raum. Und dann stellen Sie sich die dramatische Wirkung eines leuchtend orangefar-

LINKS Mehrere gestreifte Paisley-Tücher dienen als Überwurf für das Sofa. Das glänzende Ochsenblut-Rot der Lampe bildet einen schönen Kontrast zum matten, weichen Stoff.

GEGENÜBER Farbe kann auch Geborgenheit erzeugen. Üppige grün-gelb gestreifte Vorhänge an antiken Messingstangen verzaubern einen Raum.

UNTEN Die rot lackierte Bank wurde aus einem Pariser Park gerettet. Die grobe Webstruktur der walisischen Wolldecke sorgt für einen interessanten Kontrast.

benen Polsters in diesem Ambiente vor. Der Kontrast zwischen Blau und Orange schafft lebhafte Spannung.

NEUTRAL, PASTELL ODER BUNT

Bestimmte Farbkombinationen sind heute besonders beliebt. Da sind zunächst die neutralen Töne. Sie passen in jeden Rahmen, ob kleines Landhaus oder großes Loft, wirken aber meist eher sachlich und modern. Das heißt nicht, dass sie nicht mit Antiquitäten harmonieren. Die glatten chinesischen Lackmöbel des 19. Jahrhunderts beispielsweise passen exzellent zu der asketischen Zen-Atmosphäre dieser Nicht-Farben.

Auch Pastelltöne sind wieder in Mode, doch nicht so blass und zurückgenommen wie einst, als man dafür Weiß mit einem winzigen Farbhauch abtönte. Heute sind sie weniger schüchtern: Es sind intensive Farben, die mit einem Schuss Weiß gedämpft werden – wie Sahne auf Brombeertorte. Die neuen Pastellfarben passen großartig zu verblichenem Lack und zartfarbigen Möbeln.

Intensive Farben schließlich leuchten dem Besucher schon beim Betreten des Raumes entgegen. Interessanterweise haben gerade sie eine lange Geschichte in der Innenarchitektur. Chinesisches Gelb, kaiserliches Rot, Smaragdgrün und dramatisches Schwarz bilden einen Hintergrund, vor dem

LINKS Blau-weiß ist eine klassische Farbkombination, die wohl nie aus der Mode kommt. Die Teller und Löffel aus dem 18. und 19. Jahrhundert wirken erstaunlich modern. Obwohl sie schon seit Jahrhunderten in Gebrauch sind, zeigen sie keinerlei Abnutzungsspuren.

sich gut gestalten lässt. Vor allem Bilder, Sammlungen oder schöne Möbelstücke kommen vor einem lebhaft farbigen Hintergrund verblüffend gut zur Geltung. Wagen Sie also etwas – und Sie werden staunen, wie schnell Sie sich an die Intensität der Farben gewöhnen.

HISTORISCHE FARBEN

In den letzten Jahren ist das Interesse an historischen Farben gestiegen, und die Hersteller bemühen sich, ihr gerecht zu werden – wenn auch mit unterschiedlicher Sorgfalt. Es sind meist unreine Farben, wie geschaffen für unser nördliches Licht.

Ursprünglich wurden Farben aus Erden hergestellt, eingefärbt mit Eisenoxyd oder Kupferverbindungen. 500 Jahre lang hat sich diese Farbpalette kaum verändert. Bestimmte Farben waren nur in ganz bestimmten Gegenden zu finden. Die Technik der Farbherstellung war überall im wesentlichen gleich, doch die Zusammensetzung der Erden und Farbpigmente unterschied sich, je nach den Vorkommen, von Region zu Region. Experten und Restauratoren schätzen diese historischen Farben auch deshalb, weil sie mit der Landschaft, in der sie entstanden, eng verbunden sind.

Historische Farben harmonieren generell gut miteinander, sie folgen insofern dem Prinzip der Tonigkeit. Verzichten Sie in Ihren Räumen möglichst auf reines, hartes Weiß, das eine Erfindung des 20. Jahrhunderts ist. Es ist so grell, dass es alle sanfteren Farben in seiner Nachbarschaft erdrückt.

Sie sollten zwischen modernen Farben, die lediglich historische Farbtöne imitieren, und solchen, die nach traditionellem Verfahren hergestellt werden, unterscheiden. Wählen Sie grundsätzlich die letzteren, weil sie Möbel und Wände atmen lassen. Moderne Farben bilden oft eine luftdichte Ummantelung, die die Wände versiegelt und alten Möbeln schaden kann.

Traditionelle Farben sind zudem umweltfreundlicher als die modernen, denn sie enthalten keine Kunststoffe und Lösungsmittel. Das Wichtigste für alle, die ihre Wohnung neu gestalten wollen, ist jedoch die viel größere Farbintensität alter Farben – sie sehen einfach schöner aus.

RECHTS Die kräftigen Farben neuer Stücke bilden oft schöne Kontraste zu alten, verblichenen Tönen. Blau, Weiß und Grün sind die Hauptfarben dieser Küche. Traditionelle englische Keramik wird durch einzelne moderne Stücke aus Griechenland belebt.

UNTEN RECHTS Achten Sie darauf, dass sich Muster, ebenso wie Farben, mehrfach im Raum wiederholen.

Historische Farben müssen nicht traditionell eingerichteten Räumen vorbehalten sein, sie wirken in einem modernen Ambiente ebenso gut. Schließlich war ein heute 300 Jahre altes Haus auch einmal modern. Es wird Zeit, die Grenzen zwischen den Begriffen »traditionell« und »modern« aufzulösen.

SPEZIELLE ANSTRICH-TECHNIKEN

Es liegt nahe, dass mit der Renaissance historischer Farben auch traditionelle Anstrich-Techniken wieder in Mode kommen. Roh verputzte Wände voll Tiefe und Struktur findet man in vielen Wohnungen mit Sinn für Zeitgeist. Solche Wände bieten sich für farbige Gestaltung an – vor allem zum Abgewöhnen des risikolosen Cremetons, vor dem selbst intensive Farben gedämpft wirken.

Denken Sie an die subtilen Farbschattierungen auf dem vergoldeten französischen Stuhl. Eine Umgebung aus plump-plakativen Farben würde ihm nicht gerecht werden. Viel besser passt ein transparenter Lasureffekt oder ein Anstrich in Wischtechnik, der eine leicht verwitterte Oberflächenstruktur erzeugt. Normalerweise sollen Wände die zweite Geige spielen und nicht das, was in ihnen steht oder an ihnen hängt dominieren, es sei denn, die Wand selbst fungiert als Blickfang. Nun ist Farbe zwar die vielseitig-

James Lees-Milne
Through Wood and Dale
HIGH SOCIETY
ALISON WEIR
ELIZABETH THE QUEEN

GEGENÜBER Bei der opulenten Einrichtung in Rot und Grün harmoniert der Zeigler-Teppich aus dem 19. Jahrhundert mit der roten Tagesdecke aus italienischem Samt (16. Jahrhundert), das Fragment einer Brüsseler Tapisserie aus dem 17. Jahrhundert mit dem französischen Marmorkamin aus dem Languedoc.

OBEN Die beiden handkolorierten Stiche von Angelo Campaneli, *Der Rausch des Herakles* und *Bacchus und Ariadne (um 1802),* brauchten einen dramatischen Hintergrund. Auf dem zierlichen Tisch von Thomas Horne ergänzt eine Empire-Bronzelampe das klassische Ensemble und setzt am Abend die Farben ins rechte Licht.

ste, aber nicht die einzige Möglichkeit. Auch Tapeten feiern ein Comeback. Es lohnt sich, die neuen Kollektionen nach interessanten Mustern zu durchstöbern. Man kann Wände aber auch mit Stoff bespannen, um ihnen Struktur zu geben.

BELEUCHTUNG

Damit Farben wirklich gut zur Geltung kommen, muss ein Raum jederzeit optimal beleuchtet sein. Bei

Ein schönes altes Stück hat bewirkt, dass sich der ganze Raum ihm zuzuwenden scheint. So geben Antiquitäten mit ihrer Patina, Tiefe oder Farbe den Ton an. Da sie handwerklich oft sehr gut gearbeitet sind, macht es Freude, alte Stücke zu restaurieren. Eine Antiquität hat schon viele Leben hinter sich – es ist ein schönes Gefühl, ihr ein weiteres zu schenken.

NINA CAMPBELL

ungünstigem Licht wirkt ein Raum tot. Nehmen Sie sich bei der Auswahl von Farben die Zeit zu beobachten, wie sie sich im Tageslauf und abends bei Kunstlicht verändern.

Die Beleuchtung sollte grundsätzlich so flexibel wie möglich sein. Sie brauchen Arbeitslicht zum Lesen, Schminken oder Kochen. Stimmungslicht schafft angenehme Atmosphäre und soll auch den Wechsel zwischen Tag und Abend oder Sommer und Winter verdeutlichen. Gerichtetes Licht lenkt den Blick auf bestimmte Teile der Einrichtung – über Gemälden können Bilderleuchten angebracht werden, für Statuen ist ein Fluter optimal, eine Sammlung von Kunstgegenständen lässt sich mit winzigen Spots schön anstrahlen. Auch ein besonders interessantes Möbel, etwa das von Ihnen ausgewählte Ankerstück, kann ganz gezielt mit einem Strahler betont werden.

Die Beleuchtung ist nur schwer nachträglich zu installieren. Darum müssen die Positionen von Steckdosen, Schaltern und Kabeln präzise geplant und verlegt werden, ehe über die eigentliche Dekoration entschieden wird. Die richtige Beleuchtung sorgt dafür, dass Farben und Einrichtungsgegenstände ins beste Licht gesetzt werden. Wenn das Licht stimmt, ergibt sich der Rest fast von selbst.

RECHTS Mit verschiedenen Nuancen einer einzigen Farbe erzeugt man Atmosphäre. Genevieve Weavers kleines Esszimmer ist eine Symphonie in Blau, von den indigo- und färberwaidblau gestreiften Wänden bis zur Sammlung englischer und chinesischer Töpfe auf dem Tisch. Die großen Spiegelpaneele an der Wand reflektieren eine Sammlung blau-weißer Abtropfbretter, aufgehängt in akkuraten Reihen.

Kapitel 6 Textur und Muster

LINKS Texturen wirken im Kontrast besonders schön. Überlegen Sie, wie Sie Mattes, Glänzendes, Raues und Glattes in Ihrer Wohnung kombinieren könnten. Diese bäuerlichen chinesischen Schachteln und Körbe sind gerade wegen ihrer sinnlichen Griffigkeit so beliebt. Für Kontrast sorgt eine Decke mit Schottenkaro.

GEGENÜBER Muster können zwischen Möbeln unterschiedlichen Stils eine Brücke schlagen. Das Ziegeldekor ist eine Kopie aus einer provenzalischen Abtei. Es bildet einen attraktiven Hintergrund für den venezianischen Spiegel und die Chaiselongue aus der indischen Kolonialzeit. Der provenzalische Konsoltisch ist mit einem Mosaik aus Porzellanscherben überzogen.

Texturen sind in den letzten Jahren zu einem zentralen Designthema geworden. Das ist nicht neu – ein Blick in ein Antiquitätengeschäft zeigt den Reichtum an Maserungen und Texturen auf alten Stücken. Moderne Designer wenden sich inzwischen zunehmend ab von Farben und Mustern und wieder hin zum Wesen des Materials selbst. Da wird ein 200 Jahre alter Tisch mit allen Spuren seiner Geschichte zum Zentrum des Raumes. Um ihn herum gruppieren sich Objekte mit kontrastierenden Oberflächen. Steht etwa glattes Metall neben splittrigem Holz, so wird der Glanz des einen Materials durch die Mattheit des anderen betont. Ähnlich ist die Wirkung von feinsten Seidenvorhängen, die neben einem Faltrollo aus grobem Sackleinen oder Tweed hängen: Die unterschiedlichen Eigenschaften ergänzen sich gegenseitig. Vor allem in Räumen mit gedämpften Farben ist diese Dekorationstechnik sehr effektvoll.

RECHTS Dieses harmonische Stillleben wirkt durch seine raffinierte Einfachheit. Die große Vase mit ihrer grob geriffelten Oberfläche gleicht einer Skulptur, und sie korrespondiert mit den Formen der Zierkürbisse, der silbernen Han-Vase und dem Bambustisch.

GEGENÜBER Es ist angenehm, wenn das Auge von einem Objekt zum nächsten gelenkt wird. Hier stehen zwei Regency-Karaffen auf schwarz-goldenen Tabletts. Die Vase daneben unterscheidet sich zwar in Alter und Herkunft, doch die Flechtstruktur schlägt eine optische Brücke.

In der jüngsten Vergangenheit haben uns die Designer mit Chenille, Samt, Satin, Chintz, Webpelz und anderen sinnlichen Materialien überhäuft. Wie so oft gehen diese Ideen auf die Vergangenheit zurück. Denken Sie nur an schwere Wandteppiche, luxuriöse Seide, kunstvolle Stickereien, fließenden Organza und knisternden Taft. Nun hat Textur nicht allein mit Textilien im Raum zu tun, zur Wahl stellen sich auch gemasertes Holz, Metall, Glas, Stein, Keramik oder Leder.

Natürlich haben Antiquitäten hier viel zu bieten. Oft ist es gerade die Textur ihrer Oberfläche, die sie so interessant macht. Einen alten Konsoltisch aus Metall und Marmor, der den Rost von Jahren trägt, sollte man lassen wie er ist, weil gerade der Rost seinen Charakter prägt. Wenn man die Patina entfernt, die sich im Lauf der Zeit auf Töpfe und Geschirr gesetzt hat, entfernt man zugleich ein Stück ihrer Geschichte. Auch den wolkigen, »blinden« Effekt alter Silberspiegel sollte man würdigen – und nicht beseitigen. Antiquitäten darf man ihr Alter ruhig ansehen – genau das unterscheidet sie schließlich von modernen Reproduktionen.

Das heißt nun nicht, dass Sie Ihre Schätze vernachlässigen sollen. Glas und Silber will geputzt werden, bis es funkelt und glänzt. Unterscheiden Sie aber zwischen dem Alltagschmutz, der entfernt werden sollte, und den ehrwürdigen Spuren des Alters. Gerade die letzteren haben eine ureigene Schönheit, die von den Designern seit kurzem wieder richtig gewürdigt wird.

TEXTUREN EINSETZEN

Entscheiden Sie zuerst, wie Sie Textturen in Ihrer Wohnung einsetzen wollen. Heute neigt man dazu, ein Ankerstück ins Scheinwerferlicht zu stellen – manchmal sogar im konkreten Wortsinn – und dann Kontrastierendes darum aufzubauen. So kann man

Es ist herrlich, ein prächtiges und dekoratives, aber extrem abgenutztes Stück zu verwenden und es in ein minimalistisches Interieur zu setzen. Es beginnt zu singen. Ganz gleich, wie gut eine Reproduktion sein mag, sie wird nie die einzigartige Textur des Originals erreichen. Das ist etwas, das man nicht erklären kann – es ist einfach so.

JOHN MINSHAW

OBEN Eine Draperie aus Stoff macht die Linien eines Raumes weicher. Hier bringt bestickte spanische Seide aus dem 17. Jahrhundert eine sinnliche Note in die Ecke des Wohnzimmers. Antike Textilien sind eine wunderbar effektvolle und zugleich meist preiswerte Möglichkeit, Texturen in die Gesamtgestaltung einzubinden.

LINKS Ein riesiger flämischer Wandteppich aus dem 18. Jahrhundert mit einer Darstellung biblischer Szenen beherrscht das Wohnzimmer. Der Aubusson-Teppich bestimmt die Farbgebung für den übrigen Raum.

einen französischen Konsoltisch aus Marmor und Gold aus dem 18. Jahrhundert gerade dadurch akzentuieren, dass alle anderen Elemente im Raum schlicht und zurückhaltend gehalten werden.

Eine andere Herangehensweise besteht darin, eine üppige Vielfalt von Texturen im Raum aufzubauen, ganz ähnlich wie bei der Farbgestaltung. Das Ergebnis wäre ein maximalistischer Stil, das Gegenteil des Minimalismus. Stellen Sie sich prachtvolle Stoffe wie Seide, Samt, Satin, Taft, Pelz, Gobelin und Bänder vor, die in ihrer Gesamtheit eine extravagante Stimmung produzieren. Vorhänge, Kissen, Überwürfe und Polster könnten die Basis bilden. Und dann denken Sie sich dazu edle Hölzer, vergoldete Rahmen, Orientteppiche, Kandelaber, Blumen und Düfte. Diese Üppigkeit ist weit von einem modernen Einrichtungsstil entfernt, aber sie schöpft die Vielfalt der Texturen optimal aus.

Eine dritte Möglichkeit sind Texturen, die das Ankerstück ergänzen. So könnte die Wandgestaltung seine Oberfläche reflektieren. Denken Sie an einen alten Tisch aus Ulmenholz vor einer Wand, die mit indigoblauer und cremeheller Jute bespannt ist, oder an verspiegelte Wände mit polierten chinesischen Lackmöbeln.

Man sollte eine Einrichtung aber nicht um Texturen aufbauen, die sich zu sehr ähneln. Konventionelle Einbauküchen sind ein gutes Beispiel dafür, wie

LINKS Textur und Farbe von Bronze, die 2000 Jahre in der Erde lag, lässt sich nicht reproduzieren. Diese Krüge aus der Han-Dynastie sind dafür ein perfektes Beispiel. Ihre faszinierende Patina gibt jedem Raum einen Zauber, den moderne Objekte niemals erreichen könnten.

RECHTS Holz verwittert mit der Zeit, doch gerade das gibt ihm oft einen besonderen Reiz. Der morbide Charme dieser ehemals prächtigen französischen Türen (18. Jahrhundert) mit ihren kunstvollen Schnitzereien und Zierleisten kann in einer modernen Einrichtung einen wunderbaren Blickfang bilden.

man es nicht machen sollte – all diese Holzschränke mit Holzarbeitsflächen und Holzfußböden sehen schrecklich langweilig aus. Kein Wunder, dass immer mehr Designer auf die Idee kommen, mit Granit, Marmor oder Edelstahl diese Monotonie aufzulockern.

TEXTUR UND STIMMUNG

Je mehr man sich der Oberflächen bewusst wird, um so klarer erkennt man, welch wichtige Rolle sie in der Raumgestaltung spielen. Sie machen den Raum nicht nur behaglicher und interessanter, sie können auch gezielt zum Schaffen einer gewünschten Stimmung eingesetzt werden.

Überzeugen Sie sich selbst, indem Sie Ihre Kleidung analysieren. Vergleichen Sie das Gefühl einer Ballrobe aus Seidentaft mit dem eines schlichten Baumwoll-T-Shirts, oder die schwere Wolle eines Herrenanzugs mit der Leichtigkeit eines Satin-Kamisols. Kleidung ist sinnlich, und sie verrät, wie ein Mensch sich fühlt. Wohntextilien können diese Aufgabe ebenso übernehmen, wenn auch nicht allein. Die Maserung von Holz, die körnige Oberfläche von Stein, der Glanz von Metall und die Runzeln von Leder tragen ihren Teil bei zum Entstehen eines Ambientes, das ästhetisch gelungen ist und zugleich viel über Ihre Persönlichkeit verrät. Die Wirkung von Farben auf unsere Stimmungen sind gut bekannt, ganz ähnlich ist es mit Texturen.

Es ist eine der Freuden beim Kauf von Antiquitäten, dass viele aus Materialien bestehen, die heute selten geworden sind; dazu gehören nicht nur exotische Tierhäute, Horn und Perlmutt, sondern auch bestimmte Hölzer, die kaum mehr verarbeitet werden sowie Gestein, das nicht mehr gefördert wird.

Der Welthandel ist nicht mehr so frei wie früher, strenge Ausfuhrgesetze haben der kulturellen Ausbeutung mancher Länder zu Recht einen Riegel vorgeschoben. Auch die traditionelle Handwerkskunst, die einst meisterliche Arbeiten hervorbrachte, und Techniken, die heute fast ausgestorben sind, findet man so heute nicht mehr. Das macht Antiquitäten wiederum besonders interessant, denn sie können uns viele Geschichten von vergangenen Zeiten, Lebens- und Arbeitsweisen erzählen. Deswegen schätzen moderne Designer Antiquitäten auch als Zeugen der Vergangenheit.

GEGENÜBER Kleine Räume brauchen einfache Muster. Dieses Ankleidezimmer wirkt durch die blau-weiß gestreiften Vorhänge interessant; sie sind obendrein praktisch, denn sie machen platzraubende Schranktüren überflüssig. Das Feldbett aus dem 19. Jahrhundert bildet einen originellen Blickfang.

LINKS Hinter dem Vorhang verbergen sich Schuhe und andere Kleidungsstücke. Feine Streifenmuster lassen Räume optisch höher wirken. Hätte man hier konventionelle Kleiderschränke aufgestellt, würde der Raum beklemmend eng wirken.

DIE BEDEUTUNG VON MUSTERN

Allzu leicht vergisst man die Muster als wichtigen Teil der Raumgestaltung. Dabei geben sie einem Interieur ungleich mehr Leben und Charakter als schlichte, einfarbige Flächen.

Muster wecken Assoziationen an bestimmte Orte oder Kulturen – und das kann man gezielt einsetzen. Tartans sind beispielsweise untrennbar mit Schottland verbunden, und sie lassen jeden Raum behaglich, warm und geborgen wirken. Romantische Blumenmuster sind typisch englisch, sie schaffen eine Atmosphäre von Tradition, Ruhe und heiterer Ländlichkeit. Mit griechischen Mäandern entsteht ein klassisches, elegantes und eher intellektuelles Ambiente. Paisleys verbreiten Wohlbehagen mit einem Hauch von Boheme und Weltläufigkeit. Toile du Jouy wirkt charmant, feminin, fast keusch. Bei der Auswahl ist es wichtig, sich solcher Assoziationen bewusst zu sein. So können Sie die Muster finden, die zu Ihrem persönlichen Wohn- und Lebensstil passen und vermeiden zugleich Klischees bei Ihrer Einrichtung.

Viele Menschen schrecken vor der Verwendung von Mustern zurück, weil der »Coordinate-Look« aus der Mode gekommen ist. Muster können sehr effektvoll sein, wenn sie sich aber überall wiederholen, wirken sie schnell monoton. Falls Sie unsicher sind, setzen Sie Muster anfangs nur sparsam ein. Es ist besser, sich auf ein oder zwei Muster zu beschränken, diesen aber reichlich Platz zu geben. Es müssen keine gemusterten Wände sein – ein schöner Teppich, reich fallende Vorhänge oder eine Porzellansammlung können geschickt Akzente setzen.

MUSTER EINSETZEN

Muster können auf zweierlei Art zur Raumgestaltung verwendet werden. Sie bauen entweder auf die bereits vorhandenen Muster auf oder setzen Muster

LINKS Es gibt künstliche und natürliche Muster, wie diese Sammlung viktorianischer Teedosen deutlich zeigt. Einige sind aus antikem Schildpatt, andere aus exotischen Hölzern zusammengesetzt. Die Schönheit der Sammlung entsteht durch die reizvolle Kombination der verschiedenen Muster auf engem Raum.

GEGENÜBER Dreidimensionale Objekte haben auch eine taktile Qualität, und darauf beruht die Wirkung dieses französischen Marmormedaillons (17. Jahrhundert) von Jean Hardy, das den römischen Kaiser Augustus darstellt. Die beiden 2000 Jahre alten Vasen greifen das klassische Thema stilvoll auf.

ganz gezielt ein. Beide Möglichkeiten sind akzeptabel, wenngleich die Wirkung ganz unterschiedlich ist. Der erste Ansatz ist fast organisch, während der zweite der traditionellere ist. Beide jedoch basieren auf dem Wissen um die Bedeutung von Mustern in der Raumgestaltung.

Sind Zuschnitt oder Proportionen eines Raumes ungünstig, so lässt sich das leicht mit Mustern kaschieren. Ein übergroßes Ankerstück kann einen kleinen Raum größer wirken lassen, große Muster haben den gleichen Effekt. Verwenden Sie kleine Muster in einem kleinen Raum, wird dieser nur noch winziger erscheinen. Mutig eingesetzte große Muster dagegen lenken den Blick auf sich und damit weg von den Dimensionen des Raumes. Wollen Sie ein besonders schönes Detail betonen, machen Sie mit Mustern darauf aufmerksam, soll andererseits etwas besser unsichtbar bleiben, sollten Sie dort ganz auf Muster verzichten. Haben Sie eine schöne Aussicht, gehen Sie mit Mustern am Fenster sparsam um – schließlich sollen die Vorhänge der Aussicht keine Konkurrenz machen.

Ähnlich wie mit Farben kann man auch mit Mustern bestimmte Elemente in einem Zimmer verbinden. Sehen Sie sich im Raum um, achten Sie auf die dekorativen Elemente. Welche Motive sind auf Möbeln, Stoffen und Fußboden zu finden? Denken Sie auch an Details wie Intarsien im Holz, das Dekor von Porzellan, den Schwung eines Türgriffs oder das Webmuster eines Teppichs. Entscheiden Sie dann, ob ein Muster Vorrang haben soll. Dieses könnte nun effektvoll an verschiedenen Stellen im Raum auftauchen – nicht aufdringlich, sondern ganz subtil.

GEMUSTERTE WÄNDE

Gemusterte Wände haben eine sehr intensive Wirkung, weil sie den Raum und seine Bewohner umschließen. Darum sind große Muster an der Wand – ebenso wie intensive Farben – nichts für zarte Gemüter. Sie sind machtvoll, anregend und unübersehbar. Wer den Mut zu groß gemusterten Wänden hat, muss vor allem darauf achten, dass Möbel, Fußboden und andere Gestaltungselemente im Raum den Wänden genug Wirkung entgegensetzen, um eine erdrückende Dominanz des Musters zu verhindern.

Tapeten sind beständig und bieten sich zugleich als Experimentierfeld für Designer an. Wer den Stil

This Indenture

GEGENÜBER Seien Sie bei der Wandgestaltung kreativ. Auf Pergament geschriebene Dokumente zaubern ein faszinierendes Muster auf die Wände, mit dem das kleine Badezimmer aufgewertet wird. Ein Spiegel mit rotem Schildpatt-Rahmen und grüne Frösche bringen auf vergnügliche Weise Farbe ins Spiel.

LINKS Muster können auch durch die Anordnung von Objekten entstehen. Diese Sammlung antiker Mess- und Recheninstrumente ist sorgfältig zu einem geometrischen Bild arrangiert worden. Die Han-Vase im Vordergrund mit ihrer schlichten Oberfläche passt perfekt dazu.

des vorigen Jahrhunderts wiederbeleben möchte, kann die schönsten Muster nach William Morris oder A.W.N. Pugin finden, oft authentische Reproduktionen nach Tapeten, die man in alten Landhäusern vorfand. Einige Hersteller bieten auch Tapeten mit alten Mustern in Originalgröße an, die allerdings ausgesprochen mächtig sind. Sogenannte traditionelle Muster, wie sie noch vor wenigen Jahren im Handel waren, waren bewusst in Anpassung an die heutigen kleineren Wohnungen in verkleinertem Format angelegt und verloren dadurch ihre eigentliche Ästhetik. Tapetendesigner sind sich heute durchweg einig, dass die Größe des Musters eine wichtige Rolle spielt.

Reproduktionen sind aber nur eine Möglichkeit. Zeitgenössische Designer haben sich neuerdings wieder der Tapete angenommen und wir dürfen uns auf einige interessante Neuerungen freuen. Auch moderne Tapeten können nämlich einen hervorragenden Hintergrund für antike Möbel oder kunstvoll arrangierte Sammlungen bilden.

Natürlich ist das nicht das Ende der Wandfarbe. Durch spezielle Verarbeitungstechniken gewinnt auch sie an Reiz und Attraktivität. Liebhaber gestrichener Wände werden sich nicht mehr mit Schablonier- oder Découpage-Techniken zufrieden geben, sondern mit italienischem Gessostuck oder Lackeffekten liebäugeln. Wandgestaltungen mit Farblasur, Wisch- oder Tupftechnik weichen raffinierteren Gestaltungsarten. Da werden geometrische Muster auf die Wände gemalt oder die hölzerne Wandverkleidung durch Metall ersetzt. Eines darf man bei aller Kreativität nicht vergessen: Wände sollen nicht Hauptbestandteil der Einrichtung sein, sondern stets den Hintergrund für Möbel und andere Objekte bilden. Darum sollten Sie bei der Entscheidung für gemusterte Wände auf Proportion und Perspektive achten, damit die Muster nicht den Raum beherrschen.

Kapitel 7 Sammlungen

GEGENÜBER Wie stark Sammlungen das Wesen eines Raumes prägen können, zeigen diese sorgfältig arrangierten Objekte, die mit großer Liebe zum Detail speziell für das Musikzimmer gekauft wurden. Das Motiv der Lyra z. B. findet sich auf Bildern und Stuhllehnen wieder.

LINKS Der makabre russische Stuhl (um 1890) mit dem geschnitzten Skelett-Rahmen gibt dieser Bibliothek etwas Morbides. Das ungewöhnliche Stück war das Geschenk eines verlassenen Liebhabers an seine Angebetete zu deren Hochzeit. Sargdeckel, Balsamiergeschirr und andere düstere Objekte vertiefen die Stimmung, die auch mit Gemälden von Magritte und Chagall unterstrichen wird.

Kaum etwas ist besser geeignet als eine Sammlung, um einen Raum interessant und abwechslungsreich zu gestalten. Sammlungen verraten viel über die Persönlichkeit des Besitzers. Sie können von Neigungen erzählen, von Reisen, Vorlieben und ästhetischer Urteilsfähigkeit, sie bieten auch anregenden Gesprächsstoff für Gäste. Kein Wunder also, dass man Sammlungen so oft in Wohn- oder Esszimmern findet, die zum öffentlichen Bereich einer Wohnung gehören. Vor allem aber haben Sammlungen ästhetischen Wert. Eher durchschnittliche Objekte bekommen erst in Gesellschaft von Artverwandten Bedeutung. Eine alte Flasche aus dickem grünem Glas hat wenig Reiz – stellen Sie sie aber in eine Gruppe mit 40 anderen, wird es zu Design. Gehen Sie noch einen Schritt weiter und überlegen Sie, wo ein solches Tableau mit Flaschen gut zur Geltung kommt, wie es am besten beleuchtet wird und wie diese Sammlung

GEGENÜBER Edles Geschirr präsentiert sich in einem viktorianischen Bücherschrank mit imitiertem Bambusdekor. Ein so liebevoll arrangiertes Sammelsurium schafft Gemütlichkeit. In einer strengeren Einrichtung jedoch sollte auch die Präsentation einer Sammlung vornehme Zurückhaltung ausstrahlen.

RECHTS Keine falsche Bescheidenheit beim Präsentieren von Sammlungen! Ein einzelnes Stück englisches Porzellan aus dem 18. Jahrhundert wird im Raum kaum auffallen, wohl aber hundert Teile. Solche Sammlungen brauchen nur wenig Hintergrund, dieser schlichte walisische Küchenschrank reicht völlig.

möglichst vorteilhaft arrangiert wird: Das Ergebnis ist ein Blickfang. Seine einzelnen Bestandteile sind nicht mehr als gewöhnliche grüne Flaschen, doch mit künstlerischem Geschick und einem sicheren Blick kann man daraus etwas durchaus Interessantes schaffen, das viel mehr ist als die Summe seiner Teile.

Es ist nicht verwunderlich, dass Sammlungen seit jeher eine wesentliche Rolle in der Innenarchitektur spielen. Schon immer spiegelten sie den Intellekt, den Geschmack und den Wohlstand ihrer Besitzer, daran hat sich bis heute nichts geändert. Inzwischen legt man mehr Wert auf Schlichtheit und gutes Kunsthandwerk, weniger auf überladene Pracht oder kostbare Materialien. Das bedeutet, dass eine Sammlung in unserer Zeit ebenso gut aus Gartenwerkzeugen oder weit gereisten Lederkoffern bestehen kann wie aus silbernen Teelöffeln oder Spode-Sahnekännchen. Diese Vielfalt schafft neue Möglichkeiten der Dekoration. Sammlungen helfen, tote Winkel aufzuwerten, einen Blickfang zu schaffen oder dem Raum einen neuen, besonderen Charakter zu geben.

WIE MAN SAMMELT

Sammlungen können auf zweierlei Weise entstehen. Man kann sie über Jahre mit viel Engagement zusammentragen und sich an jeder Neuerwerbung freuen. Man kann aber auch gleich eine komplette Sammlung kaufen – weniger aus Freude an den einzelnen

Mit kräftigen Farben und lebendigen Strukturen schaffen Sie einen perfekten Hintergrund für die Schönheit Ihrer Lieblingsstücke. Manche Muster können jedoch zu aufdringlich sein, denn der Blick soll zu Gemälden, antiken Möbeln oder Kunstobjekten hingezogen – und nicht von ihnen abgelenkt werden.

MADAME CHARMAT

LINKS Dieses repräsentativ eingerichtete Herren-Arbeitszimmer steht ganz im Zeichen Napoleons. Zahllose Objekte beziehen sich auf den Kaiser – von Gemälden seiner Schlachten und Porträts seiner Generäle bis zu Elfenbeinminiaturen von Napoleon und seiner Frau Josephine. Meist fügt man Sammlungen zu Gruppen zusammen, doch hier sind die Objekte über den ganzen Raum verteilt, so dass es in jeder Ecke etwas Neues zu entdecken gibt.

Stücken, als wegen der dekorativen Gesamtwirkung des Ensembles.

Das Vergnügen beim Kauf einer ganzen Sammlung besteht vor allem in der Sofortwirkung auf die Wohnatmosphäre. Für alle, die nicht die Zeit oder das Temperament zum langwierigen Aufbau einer Sammlung haben, kann dies eine Lösung sein. Viele Menschen schätzen den optischen Effekt einer Sammlung. Kleine Dinge wie Schildpattdöschen, Ormoulu-Rahmen oder juwelenbesetzte Hutnadeln erfüllen ihren dekorativen Zweck ebenso wie größere Stücke, etwa Olivenöl-Krüge, orientalische Strohkörbe oder Krocketschläger.

Sie müssen selbst entscheiden, was für ein Sammlertyp Sie sind. Wenn Sie sich beispielsweise für chinesisches Porzellan aus dem 18. Jahrhundert begeistern, besteht der halbe Spaß schon darin, Läden und Märkte nach Stücken zu durchstöbern, die Ihnen noch fehlen. Sie werden es genießen, mit jedem Kauf noch etwas mehr über Ihr Sammelgebiet zu lernen. Die Sammlung ist Ihr Hobby und Ihr Stolz, und wahrscheinlich werden Sie ein oder zwei besondere Lieblingsstücke haben.

Aus Amateursammlern werden bald Enthusiasten, die sich innerhalb kurzer Zeit zu Experten ihres Fachs entwickeln können. Je mehr man über ein bestimmtes Thema lernt, um so kritischer betrachtet man dann die ersten Stücke, die man einmal gekauft

RECHTS Diese Sammlung von Gemälden aus dem frühen 20. Jahrhundert – darunter eines von Paul Nash – wirkt am besten als Gruppe. Unter den Bildern steht ein Bücherschrank aus dem 18. Jahrhundert mit gusseisernen Gittertüren. Die übrigen Möbel sind moderner und harmonieren dadurch gut mit den Gemälden.

GEGENÜBER Die vier Gemälde (aus einer Suite von acht) von Christoph Unterberger (1732–1796) mit Götterbildern in Grisailletechnik wirken in dem kühl-modernen Interieur sensationell. Der italienische Sessel mit seiner klaren Linienführung passt perfekt dazu.

hat, und um so wählerischer wird man bei den nächsten Anschaffungen. Natürlich kann man Sammlungen auch allein unter dekorativem Aspekt betrachten. Zweifellos verleihen Sie einem Raum Charakter und optischen Reiz. Es ist das Schöne an Sammlungen, dass man in Vielzahl fast alles zum Blickfang machen kann – und weil dann die Ästhetik über der Qualität steht, kann man auch ohne weiteres Altes mit Neuem mischen.

SAMMLUNGEN AN DER WAND

Viele Leute finden es besonders schwierig, eine Gruppe von Objekten an der Wand zu arrangieren. Ob Bilder oder dreidimensionale Objekte – oft scheint es, als seien sie ohne Sinn für Ästhetik und ordnendes Prinzip aufgehängt. Nehmen Sie einmal Bilder. Wenn Sie acht Bilder haben, dann verteilen Sie sie nicht gleichmäßig über den Raum und hängen zwei an jede Wand. Bei dieser Anordnung fällt mehr der große Zwischenraum ins Auge als die Bilder selbst. Hängen Sie die Bilder lieber als Gruppe an einer Wand auf und lassen die anderen Wände leer. So fällt der Blick auf die Bilder, aber nicht auf die leeren Wände ringsum.

Wenn Sie eine große Bildersammlung besitzen, legen Sie diese zunächst auf dem Fußboden aus und experimentieren Sie mit der Anordnung. Grundsätzlich sollten große Bilder niedriger hängen als kleine. Ob Sie eine symmetrische oder eine eher zufällige Anordnung wählen, ist Geschmackssache, und es hängt auch davon ab, was besser zum Charakter des Raumes und der Einrichtung passt. Lassen Sie Ihre Augen entscheiden, ob die Aufteilung gelungen ist oder nicht. Ist die Entscheidung gefallen, machen Sie eine Skizze der Anordnung, und messen Sie die Abstände zwischen den Bildern. Zuerst wird das mittlere Bild aufgehängt, von diesem ausgehend dann die übrigen.

GEGENÜBER Hier ist nichts dem Zufall überlassen. In Pergament gebundene Bücher, moderne, verzinkte Metallkästen und andere interessante Objekte werden kunstvoll in einem indischen Schrank aus dem 19. Jahrhundert präsentiert. Um so ein Ensemble zusammenzustellen, braucht man ein geübtes Auge.

RECHTS Gekonnt, aber keineswegs steif wurde hier blau-weißes chinesisches Porzellan aus dem 18. und 19. Jahrhundert auf einem modernen Eisenregal im Industriestil arrangiert. Die Botschaft ist deutlich: Ästhetik hat ihren Wert, doch auch Funktion ist wichtig. Dieses Geschirr wird noch heute benutzt.

Für das Aufhängen von dreidimensionalen Objekten an der Wand, vielleicht einer Sammlung von Strohhüten oder chinesischer Terrinendeckel aus Porzellan, gilt das gleiche Prinzip. Dabei sollten Sie aber zusätzlich darauf achten, wie gut die Formen und Farben miteinander harmonieren. Nehmen wir das Beispiel der blau-weißen Abtropfplatten (Seite 69). Die blau-weiße Farbfamilie lässt enorm viele Varianten zu. Zuerst muss geprüft werden, ob die Farben der Stücke miteinander harmonieren, zu grünstichiges Blau und zu hartes Weiß wird aussortiert. Dann werden die Formen betrachtet, runde oder ovale symmetrisch gruppiert. Alles, was das Gesamtbild stören könnte, sollte vermieden werden.

Nicht nur Bilder kann man rahmen. Interessante alte Speisekarten, Notenblätter, witzige Streichholzschachteln oder antike Textilien können ebenfalls durch Rahmen optisch aufgewertet werden. Das steigert ihren ästhetischen Wert, außerdem sind empfindliche Objekte hinter Glas besser geschützt. Rahmen sind allerdings eine Kunst für sich. Wer keine saubere Gehrung schneiden kann, sollte es besser einem Fachmann überlassen – am besten einem, der Ihre Besitztümer zu schätzen weiß und Sie kompetent über Passepartout, passende Rahmen und Glas berät. Ein guter Rahmen hat für das Resultat an der Wand eine ganz erhebliche Bedeutung.

SAMMLUNGEN PRÄSENTIEREN

Eine Sammlung, die über das ganze Haus verteilt ist, ist für eine individuelle Raumgestaltung eher nutzlos, obwohl ein Haus, das voller Kleinigkeiten steckt, natürlich nie langweilig wird. Soll eine Sammlung aber vor allem der Dekoration dienen, ist die erste Regel, dass ihre Stücke zusammen bleiben, denn allein die schiere Menge macht schon viel von der Wirkung aus. Allerdings muss man diese Aussage etwas relativieren. Wenn eine Sammlung aus allen Nähten platzt und den ganzen Raum beherrscht, kann sie eher dominant als erfreulich wirken. Wenn man das bedenkt, wird klar, dass eine gelungene Prä-

RECHTS Wenn Sie etwas gekauft haben, das Ihnen wirklich gefällt, lohnt es sich, für eine gelungene Präsentation noch etwas mehr auszugeben. Diese Holzfiguren aus der Han-Dynastie sind über 2000 Jahre alt. Hier stehen sie in fast militärischer Strenge auf speziell angefertigten Sockeln in Augenhöhe an der Wand.

GEGENÜBER Das unglasierte Pferd aus der Han-Dynastie scheint zu schweben, doch es steht auf einem Sockel aus Plexiglas. Seine faszinierende Patina mit den uralten Spuren der ursprünglichen Farbe wird durch die schlichte Form und markante Textur einer pergamentbezogenen Truhe und der silbrig glasierten Vase betont.

sentation nicht zwangsläufig bedeutet, alles zu zeigen. Es kommt vielmehr auf die richtige, dekorative Auswahl an.

Eine solche Auswahl verlangt Disziplin. Man muss akzeptieren, dass man nicht alle Objekte zeigen kann. Manches muss weggeräumt werden oder andernorts für eine zweite Sammlung verwendet werden – vielleicht auf dem Treppenabsatz oder im Bad. Sie könnten auch einige Stücke verkaufen und vom Erlös schönere erwerben.

Der einzige Weg zum gelungenen Arrangement einer Sammlung besteht darin, sie zunächst auf dem Fußboden auszulegen. Achten Sie dabei nicht nur auf den Reiz einzelner Stücke, sondern prüfen Sie auch, wie Formen, Farben und Texturen miteinander harmonieren oder ob sie einander kontrastieren. Ein eher mittelmäßiges Stück kann durch die Kombination mit einem anderen aufgewertet werden. Dagegen muss ein Stück besonders hoher Qualität vielleicht sogar aussortiert werden, weil es in der Menge untergeht. Natürlich wird die Größe der Gruppe auch durch den Platz begrenzt, den Sie ihr zugedacht haben.

Je nachdem, woraus die Sammlung besteht, kann sie auch in einem eigens dafür angeschafften Möbelstück untergebracht werden, etwa einer Anrichte für Geschirr oder einer Vitrine für Taschenuhren. Kleine Elfenbeinfiguren oder Intarsienkästchen sehen besonders schön in einem eigens dafür gefertigten Regal aus. Vielleicht möchten Sie Ihre Sammlung

GEGENÜBER Jeder einzelne dieser gedrechselten Kerzenhalter aus Ebenholz und Elfenbein ist ein Schmuckstück, doch als Gruppe ist die Wirkung noch größer. Der chinesische Coromandel-Wandschirm aus dem 18. Jahrhundert bildet einen prächtigen Hintergrund für diese schönen Exemplare alter Handwerkskunst.

LINKS Hier sind verschiedene alte Holzobjekte zusammengestellt. Die natürliche Schönheit des Materials, gepaart mit handwerklicher Qualität, macht diese Sammlung so faszinierend. Die Stücke sind aus Guajakholz, einem seltenen Hartholz mit einer charakteristischen, lebhaften Maserung.

auch an der Wand oder auf einer Tischplatte präsentieren. Überlegen Sie bei dieser Entscheidung, wie die Sammlung beim Betreten des Raumes am besten ins Auge fällt. Vielleicht ist es Ihnen auch wichtig, dass man die Sammlung im Sitzen gut sieht. Sehen Sie sich im Raum um, ob ein Bereich mehr Beachtung verdient hätte. Sammlungen sind ein großartiges Mittel, um langweilige Ecken zu beleben. Warum sollte Ihre das nicht auch können?

Denken Sie aber auch praktisch. Müssen Sie Ihre Sammlung vor neugierigen Kinderhänden oder Haustieren schützen, so wäre ein hoher Platz günstiger. Manche Objekte vertragen kein helles Licht, hinter Glas oder in einer dunkleren Zimmerecke sind sie vor Sonne geschützt. Das Glas sollte allerdings entspiegelt sein, damit keine Reflexe die Schönheit der Objekte dahinter stören.

Vielleicht haben Sie die Sammlung auch für ein spezielles Möbelstück gekauft. Ein Ankerstück wie etwa eine Anrichte oder ein großer Schrank kommt erst mit dem richtigen Zubehör perfekt zur Geltung – planen Sie dies am besten schon bei der Anschaffung im Budget mit ein. Sie müssen entscheiden, ob Ihre Sammlung eine eigenständige Rolle übernehmen oder die Wirkung eines anderen Objektes im Raum unterstützen soll.

Nachdem der Platz und die Anordnung Ihrer Sammlung festgelegt sind, muss sie noch optimal zur Geltung gebracht werden. Gute Anregungen dafür kann ein Museums- oder Galeriebesuch liefern. Farbe ist ein großartiges Hilfsmittel. Soll ihre Sammlung in einer Wandnische stehen, streichen Sie sie in einer kräftigeren Farbe als den restlichen Raum, um den Blick dorthin zu lenken. Wählen Sie einen Hintergrund, der mit den Objekten harmoniert, aber nicht konkurriert.

Vor allem gute Ausleuchtung ist ein Muss. Das richtige Licht schafft spannende Atmosphäre, sorgt

unmittelbar für Interesse und bringt so die ausgestellten Objekte besser zur Geltung. Wenn man eigens für seine Sammlung Schränke und Regale anfertigen lässt, sollte man gleich eine geeignete Beleuchtung einbauen lassen.

Auch die Höhe der Präsentation spielt eine Rolle. Nach Maß gebaute Sockel oder Stellagen sind meist ihr Geld wert, weil sie die Objekte auf die vorteilhafteste Höhe anheben. Zugleich signalisiert eine solche Aufstellung auch, dass die hier präsentierten Objekte eine ganz herausragende Bedeutung haben.

Sorgen Sie dafür, dass keine anderen Gegenstände in unmittelbarer Nähe von Ihrer Sammlung ablenken. Haben Sie beispielsweise eine Gruppe von alten Lupen liebevoll auf einem Beistelltisch arrangiert, sollte dort nichts anderes abgelegt werden, was das Bild stören könnte – nicht einmal vorübergehend.

Schließlich sollten Sie auch auf die Pflege Ihrer Sammlung achten. Angelaufenes Silber oder schmierige Teekannen sind wenig reizvoll. Sammlungen sind bewusste Inszenierungen, die ein Ambiente wertvoller und interessanter machen. Geben Sie Acht, dass nichts den Zauber stört.

GEGENÜBER Das Schöne am Sammeln ist, dass man keinen besonderen Grund dafür braucht. Man tut es einfach zum Vergnügen und aus Freude an den Objekten. Diese Löwen gehören zu einer Sammlung, deren älteste Stücke aus römischer Zeit (um 200 v. Chr.) stammen und die über das viktorianische Zeitalter bis in die Moderne reicht.

RECHTS Der Besitzer hat eine solche Begeisterung für Löwen entwickelt, dass sie überall im Haus zu finden sind – so auch in dieser zauberhaften neugotischen Chiffonière. Sie bestehen aus den verschiedensten Materialien, darunter Terrakotta, Holz, Bronze, Eisen und Porzellan. Jedes einzelne Exemplar ist eine Augenweide, doch in ihrer Gesamtheit sind sie einfach atemberaubend.

Kapitel 8 Stile mischen

GEGENÜBER Der elegante Tisch und die Chromstühle aus den 1920er Jahren harmonieren schön mit dem schlichten chinesischen Huang Hua-Li Sideboard aus dem 18. Jahrhundert aus asiatischem Hartholz. Tausende von Kilometern und Hunderte von Jahren trennen die Stile, und doch passen sie zusammen.

LINKS Es gehört Mut dazu, viele verschiedene Stile auf engem Raum zu kombinieren. Hier steht eine französische Skulptur aus den 1920er Jahren friedlich neben einem ländlichen Vogelkäfig. Der Stuhl aus dem 18. Jahrhundert wurde rot lackiert und dekorativ mit appliziertem Stoff bezogen.

Das Schöne am Einrichten ist, dass es keine festen Regeln gibt. Niemand muß sich für einen bestimmten Stil entscheiden – sei es Edwardian, Jugendstil, 50er Jahre oder Minimalismus – und diesen dann sklavisch einhalten. In den Wohnungen unserer Zeit ist alles möglich, gerade das macht sie so originell und interessant, verglichen mit denen vor 20 Jahren.

Man braucht nur etwas Mut zum eigenen Stil – und den finden inzwischen immer mehr Menschen. Früher meinte man, Stile könnten sich beißen, ähnlich wie Farben oder Muster. Doch schaut man sich in der Geschichte um, so sieht man, dass dies nicht stimmt. Vor hundert und mehr Jahren konnten sich nur die wirklich Reichen eine neue Einrichtung im Stil der jeweils aktuellen Mode leisten. Normalerweise gab man Möbel von Generation zu Generation weiter und ersetzte nur das Nötigste. Das bedeutet, dass

Einrichten bedeutet nicht, ein Museum zu schaffen. Antiquitäten schlagen oft eine Brücke zwischen dem, was man als Gestalter erreichen möchte und dem Gebäude, mit dem man zu tun hat. Neue Interieurs und die Architektur können über Antiquitäten miteinander ins Gespräch kommen.

CHESTER JONES

in den Häusern auch früher schon viele verschiedene Stile gleichzeitig zu finden waren. Die Idee der Stilmischung ist also nichts Neues. Leintücher wurden gestopft, Küchengeräte geflickt, Stühle repariert, aus alten Vorhängen neue genäht: Sparsamkeit war das Motto. Im 18. Jahrhundert begannen die Wohlhabenden zu reisen und Dinge aus dem Ausland mitzubringen. Doch sie warfen nicht ihre Einrichtung hinaus, um Platz für die neuen Errungenschaften zu schaffen. Statt dessen bekamen diese Schätze, ganz gleich ob Ming-Vase, griechische Büste oder indischer Chintz, einen Ehrenplatz unter den Haushaltsgegenständen. Wer also den heute so modernen eklektischen Stil pflegt, knüpft letztlich an das an, was für unsere Vorfahren normal war.

Schaut man ins Lexikon, stellt man fest, dass mit »eklektisch« das wertfreie Zusammenstellen von verschiedenen Dingen und Stilen gemeint ist. »Wertfrei« ist dabei das Schlüsselwort. Wer mit Geschick und Selbstvertrauen Stile mischt, zeigt damit, dass Fragen wie »Passt das zusammen?« und »Was sagen die anderen dazu?« für ihn wenig bedeuten – denn er sieht über das Alter eines Stücks hinaus auch Form und Gestalt, Farbe und Textur. Diese Aspekte sind es letztlich, die bestimmen, ob ein Stück mit anderen harmoniert.

In Ihrem Haus sollten Sie immer Platz haben für die Dinge, die Sie lieben, ganz gleich, wie ungewöhn-

RECHTS Chinesische Möbel haben oft eine so klassische Form, dass sie sich mit jedem Einrichtungsstil vertragen. Dieser Tisch ist dafür ein guter Beweis. Die große Diele ist gleichzeitig Bühne für einen Cambrai-Wandteppich aus dem 18. Jahrhundert, französische Sessel aus den 1930er Jahren und einen modernen indischen Baumwoll-Dhurrie. Trotzdem wirkt hier alles so, als wäre es schon seit Jahrhunderten bewohnt.

LINKS Eine reizvolle Spannung entsteht, wenn ein Möbelstil in einen unerwarteten Rahmen integriert wird. Hier steht ein französischer Regency-Sessel in einer sehr strengen, fast minimalistischen Umgebung mit nackten Wänden und locker drapierten Gardinen. So fällt seine schöne Linienführung viel stärker ins Auge als sein Alter.

RECHTS Die glänzende Oberfläche der Art Deco-Frisierkommode gibt dem luftigen Schlafzimmer einen Hauch von Glamour. Unterstrichen wird der Effekt durch einen französischen Hocker in ägyptischen Formen. Das klassisch inspirierte Gemälde an der Wand gibt dem Ganzen Gewicht.

lich sie sind. Eine Kombination von alten und neuen Stücken bringt oft beider Vorzüge besser zur Geltung, weil jedes einzelne Stück durch den Kontrast mit einem anderen deutlicher wahrgenommen wird. Kontrast kann viel anregender als Harmonie sein. Wenn Sie ein sehr modernes Gemälde besitzen, findet es die meiste Aufmerksamkeit, wenn es in einem traditionell eingerichteten Raum hängt. Haben Sie jedoch einen 200 Jahre alten Tisch, warum kombinieren Sie ihn nicht mit modernen Stühlen aus Leder und Edelstahl, um beiden die größtmögliche Beachtung zu verschaffen?

Dieses Prinzip beschränkt sich nicht auf Kombinationen von Möbeln verschiedener Epochen, es bezieht sich ebenso auf geografische und kulturelle Kontraste. China, Indien, Thailand, Vietnam, Singapur, Arabien, Ägypten, Mexiko und andere Kulturen haben erheblichen Einfluss auf westeuropäische Einrichtungsstile gehabt. Europa selbst ist ein Schmelztiegel von Ideen und Inspirationen. Nichts spricht dagegen, chinesische Lackmöbel in ein schlichtes, zurückgenommenes Interieur zu stellen. Ebenso können schwere Möbel aus der Kolonialzeit in einem verwinkelten Landhaus gut wirken. Wir können unsere Ideen also nicht nur aus der Geschichte beziehen, sondern obendrein aus der ganzen Welt.

Das Schöne am eklektischen Stil ist, dass er in Häuser jeden Alters und jeder Bauweise passt, vom modernen Loft bis zu einem klassischen Haus aus georgianischer Zeit. Anders als Wohnungen, die konsequent in einem Stil eingerichtet sind, sind Stilmischungen zeitlos. Dies macht sie ideal für Menschen, die Abwechslung lieben. Es ist kein Problem, ein Stück durch ein ganz anderes zu ersetzen. Auch der Blick wird geschult, denn man schaut die unterschiedlichen Stile sehr genau und kritisch an, um ihre Wechselwirkungen einschätzen zu können.

GEGENÜBER Antiquitäten können einem modernen Interieur einen unerwarteten Pfiff geben. Dieses Schwimmbad orientiert sich an klassischen Themen, wie auch der Trompe l'œil–Fries unterhalb der Decke zeigt. Die beiden gusseisernen viktorianischen Pflanzenständer passen ideal in das Ambiente und bilden einen dekorativen Blickfang in dem sonst schlichten Raum.

LINKS Ob antik oder modern: Objekte mit klaren Linien harmonieren immer miteinander. Die beiden französischen Empire-Schalen aus Marmor und Bronze auf dem modernen Glastisch rahmen eine elegante Lampe ein. Der Kontrast ist gut durchdacht, die Gesamtwirkung ausgewogen.

DIE ROLLE DER GESCHICHTE

Es erscheint erstaunlich, dass der Begriff »eklektisch« in den letzten 20 Jahren so große Bedeutung erlangt hat. Die Idee, Stile zu mischen, existiert seit fast vier Jahrhunderten – was also ist der Grund der heutigen Beliebtheit?

Um die Geschichte der Stilmischung in der Innenarchitektur zu verstehen, müssen wir auf Europas lange Beziehung zu China – oder Cathay, wie man damals sagte – zurückblicken. Die Portugiesen waren die ersten, die im 16. Jahrhundert mit China offizielle diplomatische Beziehungen aufnahmen, sie trieben lebhaften Handel mit Waren wie Porzellan, Seide und Tee. Man sagt, dass damals sogar die Teekisten für den Schiffsversand lackiert waren, und dass europäische Möbelhersteller diese Idee für lackierte Möbel aufgriffen. Der Handel mit China zahlte sich für Portugal aus, und bald war Lissabon die reichste Stadt Europas.

Königin Elizabeth I. neidete den Portugiesen ihren Erfolg. Im Jahre 1600 wurde durch königlichen Erlass der neu gegründeten East India Companie das Handelsmonopol für Indien und den Fernen Osten verliehen. Es dauerte nicht lange, und kostbare Schiffsfrachten mit edlen Stoffen, Tapeten, Lackmöbeln, Gold- und Silberschmuck, Keramik und Gewürzen wurden in den Häfen Englands, Frankreichs und Hollands gelöscht. In der zweiten Hälfte

RECHTS Zwei französische Ledersessel der Jahrhundertwende stehen neben einem chinesischen Lackschränkchen, die glänzenden Oberflächen bilden den gemeinsamen Nenner. Moderne Bilder fallen neben traditionellen Möbeln besonders ins Auge – wie hier das abstrakte Gemälde von Neil McLean Robertson.

GEGENÜBER Sorgen Sie für Überraschungen. Der moderne Armlehnstuhl aus Chrom und Leder von Marcel Breuer bildet einen faszinierenden Kontrast zu dem kunstvoll geschnitzten, vergoldeten Konsoltisch. Das impressionistische Gemälde schafft einen weiteren Kontrast – die Gesamtwirkung des Ensembles ist anregend und interessant.

des 17. Jahrhunderts griff dann in ganz Europa eine Manie für alles Orientalische um sich. Kaum hatte ein Schiff im Hafen angelegt, da rissen sich unsere designbewussten Ahnen auch schon um die exotische Ladung.

Wie bei allen Moden überstieg die Nachfrage bald das Angebot. Zu dieser Zeit begannen die Chinesen, allerlei Möbel, Gemälde und Accessoires speziell für den westlichen Markt zu produzieren. Das war die Geburt der Chinoiserie, die man als eigenwilliges Kind westlicher Wünsche und chinesischer Geschäftstüchtigkeit bezeichnen könnte. Den Europäern schien nicht aufzufallen, dass die Chinesen selbst gar keine Bücherschränke, Papierkörbe oder Schreibtische benutzten. Wichtig war allein, dass diese Stücke mit reichlich Lack und Bambus versehen waren.

Wenig später begannen auch europäische Handwerker, Möbel im chinesischen Stil zu fertigen. Anfangs schickten sie das Holz zum Lackieren nach China. Wen kümmerte es schon, ob die Motive authentisch waren – riesige Blumen, exotische Vögel und festlich gekleidete Mandarine waren fremdartig genug, um europäische Kunden zu täuschen.

Doch das war nicht das Ende des chinesischen Einflusses. Mit dem ausklingenden Barock um die Mitte des 18. Jahrhunderts erlebte die Chinoiserie eine Wiedergeburt. Sie passte perfekt zur romantischen Niedlichkeit des Rokoko, in der verspielte Naturmotive wie Muscheln, Wellen und Affen besonders beliebt waren.

Das 20. Jahrhundert war nicht minder beeinflusst von China, Indien und anderen asiatischen Kulturen. Der Einfluss ging sogar noch weiter, weil die westliche Kultur nun neben dem rein Dekorativem auch die östliche Philosophie begierig aufnahm. Der Zeitgeschmack verschob sich von kunstvoll verzierten Objekten zu Stücken von strenger, schlichter Ele-

l'art abstrait

LINKS Der Vorraum des Schwimmbades (Seite 106) basiert auf einem klassischen Thema, das sich in Medaillons, Büsten und Urnenvasen – vorwiegend aus Marmor und vergoldeter Bronze – zeigt. Die Beistelltischchen sind aus handbemaltem falschem Marmor – ein reizvoller Kontrast zu dem amerikanischen Ledersofa, das hier auch wegen der Bequemlichkeit seinen Platz fand.

RECHTS Ein großes, modernes Gemälde wirkt als ebenso unerwarteter wie belebender Blickfang in diesem traditionell eingerichteten Esszimmer. Sheraton-Stühle, ein Tisch mit Mittelfuß sowie vergoldete Tischchen aus Marmor-Imitation (frühes 18. Jahrhundert) schaffen optische Ausgewogenheit. Die Bronzefiguren setzen einen weiteren interessanten Akzent.

ganz. Heute versuchen moderne Designer, den Charme dieser Objekte nachzuempfinden.

Die größten Veränderungen unseres Lebensstil rühren wohl daher, dass heute weite Reisen kein Luxus mehr sind. Mit gesunkenen Flugpreisen sind auch unsere Ansprüche an die Urlaubsziele gestiegen. Es ist nicht mehr ungewöhnlich und exklusiv, nach Afrika, Australien, Indien, Hong Kong oder zu anderen Fernzielen zu reisen.

OBEN Diese prächtige Ebenholzkommode mit silbernen Griffen stammt aus dem 19. Jahrhundert. Sie ist der ideale Hintergrund für die eleganten Grand Tour – Obelisken aus Schiefer aus der gleichen Zeit.

GEGENÜBER Ein großer französischer Spiegel aus dem 18. Jahrhundert, Bronze-Statuetten und kleine, vergoldete Rahmen vereinen sich zu einem rhythmisch ausgewogenen Bild, das sich harmonisch in die ruhige Atmosphäre des schlichten Raumes einfügt.

Fernreisen hatten enorme Auswirkungen auf die schönen Künste, die Inneneinrichtung, die Mode und die Kochkultur, letztlich auf alles, was unter dem Begriff »Lifestyle« zusammengefasst werden kann. Wir haben neue Bilderwelten kennen und schätzen gelernt, gutes Design spielt heute eine wesentliche Rolle für unser Lebensgefühl.

Wie weitgreifend dieser Einfluss ist, sehen wir in Schaufenstern, Restaurants, Zeitschriften, Reklame, Buchumschlägen und sogar Kinderkleidung. Ohne die Möglichkeit zu weltweiten Reisen wäre diese Entwicklung kaum möglich gewesen.

Zum Urlaubsvergnügen gehört auch das Einkaufen. Unsere Wohnungen quellen inzwischen über von exotischen Mitbringseln, die wir stolz präsentieren. Weil wir aber ein Bewusstsein für Aussehen und Wirkung der Dinge entwickelt haben, legen wir auf den ästhetischen Wert dieser Stücke immer mehr Wert. Ein einfaches Souvenir genügt nicht. Wir wollen Erinnerungen, die wir zu Hause in den Mittelpunkt stellen können und die außer von unseren Reisen auch von unserer Persönlichkeit erzählen.

DIE GRAND TOUR

Den Reichen unter unseren Vorfahren ging es nicht anders – schon im 18. Jahrhundert griff das Reisefieber um sich. Damals gab es keine Zoll- und Einfuhrgesetze und sie konnten von der Grand Tour mitbringen, was sie wollten, sofern es sich verladen ließ. Als in Westeuropa der Klassizismus in Mode kam, wurden ganze Säulen, riesige Statuen, Sockel, Büsten, Obelisken und andere Altertümer aus Griechenland, Italien und Ägypten abtransportiert. Ähnlich ist es heute mit Teppichen aus Pakistan, Körben aus Vietnam, Leuchtern aus Indien oder Seidenmalereien aus Sri Lanka. Je weiter wir reisen, um so mehr lernen wir kennen. Neues zu kaufen reicht uns oft nicht – wir möchten vielmehr ein Stück der Geschichte des Reiselandes mit nach Hause nehmen. So sind Antiquitäten aus aller Welt zu einem begehrten Gut geworden

LINKS Nutzen Sie den ästhetischen Reiz stilistischer Kontraste. Hier hängt ein überaus prächtig verzierter Wandleuchter über einem spartanischen Directoire-Tischchen. Edles cremefarbenes Porzellan bildet eine subtile optische Barriere zwischen den kontrastierenden Elementen.

GEGENÜBER Asymmetrie kann sehr effektvoll sein, vor allem, wenn verschiedene Stile gemischt werden. Hier unterstreicht sie den Kontrast zwischen zarter Vergoldung und altem Eichenholz, zwischen dunklen spanischen Ölgemälden aus dem 17. Jahrhundert und dem Zirkusclown, der um die Jahrhundertwende entstand.

– was wieder beweist, dass die Idee der Stilmischungen nicht neu ist. Seit Jahrhunderten werden Möbel durch die Generationen weitergereicht. Von Zeit zu Zeit kam Neues hinzu, so dass stets Stücke von unterschiedlichem Alter, Stil und Material einträchtig beisammen standen. Erst im 20. Jahrhundert lehnte man plötzlich diese Tradition ab und begann, Wohnungen von Grund auf neu mit preiswerten, qualitativ aber oft minderwertigen Möbeln einzurichten.

Wenn man den Eklektizismus so in seinem historischen Zusammenhang sieht, wird klar, dass er immer ein Eckpfeiler des europäischen Designs war, das gerne Anleihen bei anderen Kulturen gemacht hat, und heute noch viel mehr Bedeutung bekommen hat.

STILMISCHUNGEN IN EINEM RAUM

Auch der einfachste Raum kann durch Einrichtung völlig verwandelt werden. Der eklektische Stil ist stets interessant und aufregend – und hat schon darum alle Moden überdauert. Einige Fußangeln gilt es trotzdem zu meiden. Lernen Sie, die Schönheit von Objekten aus unterschiedlichen Epochen und Kulturen zu erkennen. Achten Sie auf Form, handwerkliche Qualität, interessante Kombinationen von Material, Farbe und Textur. Meiden Sie allzu stilisierte Stücke, die eher verwirrend als bereichernd wirken. Zwängen Sie nicht zu viel in einen Raum. Es ist besser, die Einrichtung um ein oder zwei zentrale Stücke herum aufzubauen als eine allzu verwirrende Mischung zusammenzustellen. Lernen Sie vor allem, wie man die Stücke im Raum wirkungsvoll präsentiert. Um ein weltläufiges Wohngefühl zu schaffen, brauchen Sie erstaunlich wenige Stücke – was zählt, ist ihr Zusammenwirken.

Verlassen Sie sich auf Ihren eigenen Geschmack und Ihr Gefühl. Letztlich wollen Sie doch ein Zuhause mit Möbeln und dekorativen Dingen, zu denen Sie eine persönliche Beziehung haben. Stellen Sie originelle und anregende Dinge zusammen. Versuchen Sie nicht, ein Arrangement aus einer Zeitschrift oder einem Geschäft zu kopieren – sie betrügen sich um Ihr persönliches Vergnügen bei der Auswahl. Wer Stile mischt, gesteht ein, dass er sich verändert, unvollkommen, launisch und neugierig ist – also sehr menschlich. Das ist es, was Stilmischungen so faszinierend und einzigartig macht.

Kapitel 9
Stilvariationen

Wenn die grundsätzlichen Entscheidungen über die Einrichtung eines Raumes gefallen sind, müssen Sie sich einem weiteren wichtigen Thema zuwenden: der Atmosphäre. Der große Vorteil von Antiquitäten als Basis einer Einrichtung besteht darin, dass sie einem Raum Stimmung, Persönlichkeit und Originalität verleihen. Mit Ihrer Auswahl machen Sie eine Aussage über Ihren Geschmack, aber auch über Ihr Wesen.

Viele namhafte Innenarchitekten verwenden Antiquitäten in kühlen und modernen ebenso wie in traditionellen Interieurs, um einem Raum Witz, Eleganz oder auch Dramatik zu verleihen. Die Gründe sind offensichtlich: Antiquitäten sind meist von Hand gefertigt und darum einzigartig in ihrer Form und Textur. Manche scheinen uns ungewöhnlich, aber gerade das gibt ihnen ihre besondere Wirkung. Andere sind aus Materialien hergestellt, die damals gängig waren, aber heute selten geworden sind. All diese Aspekte machen Antiquitäten im Vergleich zu modernen Stücken nur noch begehrenswerter. Inneneinrichter setzen obendrein gern auf den Kontrast zwischen Alt und Neu, weil durch eine sorgfältig ausgewählte Antiquität eine reizvolle Spannung entsteht.

LINKS Mit Antiquitäten zu wohnen heißt nicht, in einem Museum zu leben. Suchen Sie nach kreativen Wegen, in Ihrer Einrichtung Ihre Persönlichkeit auszudrücken – mit alten und neuen, schlichten oder prunkvollen Stücken.

IRISH

Magischer Maximalismus

Vergessen Sie die alte Redensart, dass weniger mehr ist. Aber glauben Sie auch nicht, dass Maximalismus darin besteht, einen Raum ohne Rücksicht auf Stil und Qualität vollzustopfen. Der Blick eines Maximalisten ist ebenso kritisch und scharf wie der eines Minimalisten, doch er weiß, dass durch eine relativ große Menge an dekorativen Objekten mehrere ästhetische Ebenen in einem Raum geschaffen werden können. Die Designerin Ann Mollo, deren Wohnung hier vorgestellt wird, begeistert sich für die Wärme, die Antiquitäten in einen Raum bringen können.

Diese bunte Mischung von Erlesenem ist perfekt für Sammler, die ihre Besitztümer wirklich lieben. Es braucht Jahre, um solche Schätze zusammenzutragen – es sei denn, man scheut nicht die Kosten für eine komplette Sammlung. Jedes einzelne Stück hat seine ganz individuelle Qualität.

Die Einrichtung ist eine Huldigung an Schönheit und Handwerkskunst – wer hier eintritt, wird sich der Wirkung nicht entziehen können. Der Stil passt in Landhäuser und Stadtwohnungen, groß oder klein. Weil er jedoch relativ traditionell ist, würde er sich für einen ganz modernen Loft weniger eignen. Maximalisten machen sich über die architektonische Struktur eines Raumes relativ wenig Gedanken, weil die Wirkung auf den Einrichtungsgegenständen basiert. Die Gestaltung der Räume selbst kann einfach bleiben. Am besten sind natürliche Bodenbeläge, und historische Farbtöne für die Wände, für die Fenster genügen einfache, preiswerte Stoffe.

Das Ziel ist, einen warmen, gemütlichen Kokon zu schaffen, in dem Möbel, Bücher, Bilder, Dekorationen, Geschirr und hübscher Nippes um Beachtung

GEGENÜBER Maximalisten sind meist sehr geschickt darin, Nischen für die verschiedensten Objekte zu schaffen. An dieser Wand hängen fast nur Tierbilder. Die neugotische Gitterwand stammt aus einem alten Sommerhaus.

OBEN Dieser Tisch von George Ciancimino aus den 1960er Jahren ist einer der besten seiner Art. Hier schmeicheln ihm helles Geschirr aus dem 18. Jahrhundert und italienische Kristallleuchter.

RECHTS In einem so vollen Raum sind Blickpunkte wichtig. Die um die Jahrhundertwende entstandene Kreide- und Bleistiftzeichnung eines schottischen Hirschhundes ist ein Lieblingsstück seines Besitzers, darum hat es einen Ehrenplatz auf der Staffelei bekommen. Seitlich steht ein verglaster Bücherschrank aus dem frühen 19. Jahrhundert.

GEGENÜBER Ann Mollo hat die Stile mutig gemischt. Das Porträt mit ihrem Hund hängt wie selbstverständlich zwischen einigen ihrer liebsten Stücke, darunter eine Skulptur aus dem frühen 16. Jahrhundert, St. Georg und den Drachen darstellend. Die Stühle wurden für eine georgianische Grotte gebaut, die schwarze Chiffonière ist ein Beispiel primitiver Chinoiserie.

buhlen. Dabei hat die Präsentation so vieler Besitztümer nichts mit Eitelkeit zu tun. Der Effekt des Maximalismus besteht vielmehr darin, dass die Menge den Wert des einzelnen Stücks herunterspielt. Anrichten quellen über von Geschirr, Regale biegen sich unter der Last der Bücher, Wände verschwinden hinter Bildern. Der Überfluss wirkt nicht dadurch, dass der Maximalist seine Besitztümer unbedingt zeigen will, vielmehr gewinnt man den Eindruck, dass nichts so wertvoll ist, dass man es nicht benutzen dürfte.

EIN INDIVIDUELLER ANSATZ

Maximalistischer Stil ist weit von der Ehrfurcht gebietenden Atmosphäre eines Museums entfernt. Seine Botschaft heißt vielmehr Lebensfreude – ein interessantes, erfülltes Leben hat überall in der Wohnung seine Spuren hinterlassen.

Individualität und eine gewisse Schrulligkeit sind der Schlüssel zum Erfolg, und oft steckt hinter jedem Stück eine persönliche Geschichte – so sind die Möbel vielleicht Erbstücke von einem besonders geschätzten Verwandten. Gerade wegen dieser persönlichen Bezüge lieben Maximalisten jedes einzelne Stück.

Maximalisten haben einen scharfen Blick. Wenn sie etwas kaufen, dann wissen sie genau, wie sie es perfekt in Szene setzen. Sie sind die Stylisten in der Welt der Antiquitäten. Das bedeutet, dass sie das Kombinieren von Objekten unter den Gesichtspunkten von Farbe, Stil, Struktur und Form perfekt beherrschen. Sie überlegen sich die Präsentation genau, ob es nun um die Bilder an der Wand oder eine Sammlung von Kunstobjekten auf einem Tischchen geht. Sie legen großen Wert darauf, dass jedes kunstvolle Arrangement wirkt, als wäre es ganz zufällig entstanden.

Wenn Sie Antiquitäten wirklich lieben und sich schwer von Ihren Schätzen trennen können, dann könnte dies der richtige Stil für Sie sein.

Wohnen im »Großen Stil«

Es gibt Häuser, in denen steht alles genau da, wo es sein sollte, in denen auch ein Hauch der feinen Lebensart weht, die nur durch die Kombination von viel Geld mit exquisitem Geschmack möglich wird. Dieser Stil hat Größe, ohne aufdringlich oder protzig zu wirken, und er strahlt eine internationale Atmosphäre aus, die an die weite Welt der Diplomatie denken läßt. So findet man ihn denn auch gleichermaßen in Paris oder Kalifornien.

Internationale Innenarchitekten wie Madame Charmat, David A. Harte oder Renoir Designs haben

OBEN Diese Diele mit dem kunstvoll verlegten Parkett, dessen Farben sich in dem darüber hängenden Wandteppich aus dem 18. Jahrhundert wiederholen, wirkt überaus kostbar. Die beiden Marquise-Stühle (ca. 1835) stehen streng formal.

LINKS Der Tisch ist in Form eines jonischen Kapitells aus Holz geschnitzt. Die Holzvertäfelung ist ideal im Winter, im Sommer können die Türen zum Garten weit geöffnet werden. Auf dem Kaminsims sieht man eine Sammlung von Zierknäufen.

GEGENÜBER Der schöne Marmorkamin bildet den optischen Mittelpunkt dieses klassischen Wohnzimmers. Die Symmetrie des Raumes wird durch die Position der Sofas und der Beistelltischchen mit den Lampen aus dem 18. Jahrhundert elegant betont. Klassisch ist auch das Mäandermuster am Tisch.

großes Geschick im Gestalten dieses Stils. Man braucht dafür einen gut proportionierten Raum mit schönen baulichen Details, dazu ein Gefühl von Weite – zweiflüglige Türen gehören einfach dazu. Deckenrosetten, Stucksimse und Architrave sollten so dekorativ wie möglich sein. Auch die Attraktion einer schönen Aussicht gehört dazu.

Qualität spielt eine große Rolle. Auf den Böden liegen dicke Teppiche, vielleicht sogar speziell angefertigte Stücke mit eleganten Bordüren oder Mittelme-

OBEN Ein Porträt des Duc de Maine beherrscht das formell gehaltene Wohnzimmer. Die Stühle sind Teil einer Serie aus dem 19. Jahrhundert, wurden aber erst kürzlich mit Gesso lackiert und vergoldet. Sie sind mit breit gestreifter Seide bezogen, was die strenge Ordnung unterstreicht, die durch den großen Spiegel aus dem 18. Jahrhundert wieder aufgelockert wird.

daillons. Kamine bestehen in der Regel aus Stein oder Marmor, die Wände sind meist tapeziert, natürlich mit erlesenen Mustern. An den Fenstern bauschen sich Vorhänge aus schwerer Seide oder anderen edlen Stoffen. Der Stil wirkt in seiner Großartigkeit fast herrschaftlich – und es ist auch ein gutes Gefühl, immer mit den besten Karten spielen zu können.

Natürlich spielen antike Möbel hier eine tragende Rolle. In solchen Räumen findet man meist die schönsten Antiquitäten – in Stil und Qualität. Was

RECHTS Schönste Tafelfreuden verspricht dieses perfekt geschnittene, getäfelte Esszimmer. Seine elegante Symmetrie wird durch die Anordnung der Möbel – darunter französische Empire-Stühle aus Obstbaumholz – und den sorgfältig gedeckten Tisch unterstrichen. Der prächtige Kronleuchter stammt aus Russland (19. Jahrhundert).

zählt, sind Holz, Alter, Hersteller, Handwerkskunst und Verzierungen. Hier sind unkonventionelle oder schrullige Stücke fehl am Platz – sie könnten den noblen Effekt aus dem Gleichgewicht bringen.

HISTORISCHE VERBINDUNGEN

Das alles soll nicht heißen, dass dieser Stil streng ist. Es spricht nichts dagegen, ein modernes Kunstwerk über einen Konsoltisch aus dem 17. Jahrhundert zu hängen. Wichtiger ist, dass beide von erstklassiger Qualität sind. Manche Stile, wie der Napoleonische oder Art Deco, sind so eigenwillig, dass sie sich schwer mit anderen kombinieren lassen. Generell aber lässt der »Große Stil« viele historische Kombinationen zu. Sich auf eine einzige Epoche zu beschränken kann sogar langweilig wirken. Eine enge Verbindung zur Vergangenheit ist jedoch wichtig, weil sie eine Atmosphäre von Zeitlosigkeit und Dauer schafft. Antiquitäten haben den Vorteil der Wertbeständigkeit. Die Anhänger dieses Stils wissen es zu schätzen, wenn ihr Geld sicher angelegt ist – und natürlich schätzen sie auch die Verankerung in Geschichte und Tradition.

Das bezieht sich nicht allein auf Möbel, sondern ebenso auf Gemälde, Tafelsilber, Geschirr, Gläser, dekorative Sammlungen und andere Dinge. Wer sich mit Grandezza einrichtet, muss vielschichtig dekorieren, weil er meist mit großen Räumen zu tun hat. Wände und Regale wollen angemessen gefüllt werden – sorgfältig ausgewählt, damit nichts das Bild stört. Oft wirken solche Räume unpersönlich. Tatsächlich sind es »öffentliche« Räume von Menschen, denen Repräsentation viel bedeutet. Es geht eher darum, die richtige Botschaft zu vermitteln, als zu einem Blick in die Privatsphäre einzuladen.

Wer sich für diesen Stil entscheidet, hat meist auch die Mittel, ihn zu pflegen. Das ist nicht unwichtig, denn die Perfektion verursacht einigen Aufwand: auf Hochglanz poliertes Holz, makellose Fußböden und perfekte Polster tragen viel zur Wirkung dieses Stils bei. Es ist nicht überraschend, dass der etwas heruntergekommene Stil der Boheme genau zu der Zeit entstand, als der englischen Aristokratie das Geld ausging, um ihren Besitz adäquat in Stand zu halten. Der »Große Stil« hat mit seinem verarmten Verwandten etwa so viel zu tun wie ein Chanel-Kostüm mit einem Flohmarkt-Fummel.

Poetischer Purismus

GEGENÜBER Hier herrschen Harmonie und Schlichtheit. Das Schachbrettmuster des Bodens passt ideal für dieses puristische Interieur, in dem ein Marmorrelief lässig an der Wand lehnt.

OBEN In diesem gut durchdachten Arbeitszimmer überwiegen klassizistische Stilelemente. Der zeitlose Charakter des Raums würde sich aber auch für moderne Möbel eignen.

Stellen Sie sich vor, Sie wollen einen Liebesbrief schreiben, müssen aber zunächst dafür das allerschönste, handgeschöpfte, cremefarbene Papier finden. Der puristische Raum ist wie ein solches Stück Papier: Wenn Sie es erst einmal haben, können Sie darauf mit der wunderbarsten Schrift schreiben.

Purismus kann auch als Architekturstil betrachtet, darf aber nicht mit Minimalismus verwechselt werden. Er ist sanfter und sinnlicher als letzterer, wie der Designer John Minshaw – der Mann hinter dieser Einrichtung – beweist. Der puristische Stil verlangt nicht, dass Sie Ihren Besitz auf ein Minimum reduzieren, wohl aber sollten Sie ihn äußerst kritisch betrachten und sortieren. Hier stehen nur Dinge von ästhetischem Wert im Mittelpunkt, weniger attraktive Stücke werden entweder geschickt verborgen oder beseitigt. Es ist ein disziplinierter, geordneter Stil, der heute unter Architekten und Designern immer mehr Anhänger findet.

Der Raum als solcher ist für den Puristen von großer Bedeutung. Decke, Wände, Fenster, Türen und bauliche Details wollen genau begutachtet werden. Wenn die Proportionen ungünstig sind, müssen eventuell Veränderungen vorgenommen werden – darum wird der Purismus auch als architektonischer Stil bezeichnet. Der Raum ist die Leinwand für das Kunstwerk des Puristen, darum muss er möglichst perfekt sein.

Als nächstes muss der funktionale Aspekt bedacht werden. Kabel, Lichtschalter und andere hässliche Notwendigkeiten sollen unauffällig sein. Heizkörper sind nur akzeptabel, wenn sie ästhetischen Wert besitzen, wie etwa alte gusseiserne Radiatoren. Fernseher und Stereoanlage werden versteckt, vielleicht in einem speziell angefertigten Schrank. Eine gute Beleuchtung wird installiert, um die ein oder zwei exquisiten Stücke hervorzuheben, auf die es ankommt.

RECHTS Dieses Badezimmer ist ägyptisch inspiriert: Säulchen aus Eschenholz mit Intarsien aus Buchsbaum- und Magnolienholz am Waschtisch, ein moderner Spiegel und eine dekorative Bronzefigur aus der Werkstatt der Wiener Sezession um 1910. Sanfte Farben und sorgfältige Beleuchtung schaffen eine angenehm ruhige Atmosphäre.

GEGENÜBER Ein prächtiger französischer Spiegel aus dem 18. Jahrhundert beherrscht diesen Teil des schlichten Wohnzimmers, aufgelockert von einer Bronzestatuette (19. Jahrhundert) und kleinen vergoldeten venezianischen Rahmen (18. Jahrhundert). Auf dem Boden steht eine Sammlung von Vasen, von spanischem Art Deco über Wedgwood bis zu modernen Stücken.

Bei der Raumgestaltung wird Qualität mit Einfachheit kombiniert. Die Böden sind schlicht, aber edel: Holz oder Stein sind ideal. Wenn die Fenster gute Formen und eine schöne Aussicht haben, gibt es keine Vorhänge. Und wer sich vor neugierigen Blicken schützen möchte, wählt eine schlichte Fensterdekoration. Auf Muster und Farben an den Wänden wird verzichtet, weil diese zu aufdringlich wirken würden. Eine leichte Struktur ist akzeptabel, glatte Wände sind jedoch am schönsten.

Auch Möbel und Dekorationsgegenstände werden unter strengen Gesichtspunkten ausgesucht. Puristen beurteilen die Vorzüge eines jedes Stückes, unabhängig von seinem Alter. Ihnen kommt es auf klare Linien, Qualität des Materials, interessante Oberflächen und Proportionen an. Antiquitäten werden von Puristen geschätzt, weil sie dem Raum auf raffinierte Weise Patina verleihen. Ein klassischer Marmorkamin braucht nicht mehr Dekoration als einen großen vergoldeten Spiegel – vorausgesetzt, der Spiegel ist perfekt. Ein Regency-Sessel könnte am Fenster stehen, wo er allein durch seine Form und Polsterung zum Designobjekt wird.

MIT SCHARFEM BLICK

Puristen ziehen wenige große Einrichtungsgegenstände vielen kleinen vor. Überproportional große Stücke werden wegen ihrer dynamischen Wirkung geschätzt. Auch Symmetrie spielt eine Rolle bei der intensiven gestalterischen Planung. Kunstvolle Stillleben werden arrangiert, damit die Optik überall im Raum ästhetisch wirkt. Puristen haben einen äußerst scharfen Blick. Jedes Stück, das sie in einen Raum integrieren, erhält seine ganz besondere Bedeutung. Für diesen Stil kann man sich nicht entscheiden. Man ist entweder als Purist geboren – oder nicht. Ein Purist setzt seine Visionen kompromisslos um – oft mit großer Schönheit.

OBEN Viele Menschen meinen, dass in einer funktionalen Küche kein Platz für Antiquitäten ist. Wie zum Gegenbeweis stehen hier einige Singer-Hocker – das Industriedesign der 1920er Jahre passt gut zu modernen Küchenmöbeln.

Unerwartet urban

Städte sind ein Schmelztiegel der Kulturen, darum ist das Stadtleben so anregend und interessant. Nicht ganz zufällig hat sich hier ein Einrichtungsstil entwickelt, der Selbstbewusstsein, Vielfalt und Individualität spiegelt. Der urbane Stil greift auf die unterschiedlichsten Quellen zurück und kombiniert sie zu einem überraschenden Wohnerlebnis. Seine Ursprünge liegen im eklektischen Stil, doch ist er diesem entwachsen und zeichnet sich durch eine größere Klarheit und Raffinesse aus.

Im Mittelpunkt steht das Mischen von Stilen – östlich und westlich, alt und neu, schlicht und raffiniert, primitiv und kunstvoll. Hier wird nicht gefragt: »Passt das?« Man schöpft Möglichkeiten aus, die von Anhängern des »Großen Stils«, Puristen und Kennern nicht akzeptiert würden. Eine urbane Einrichtung zeigt Dinge, die man sonst nicht sieht, in oft ungewöhnlicher Kombination.

Der urbane Stil wirkt meist streng, manchmal sogar fast maskulin. Fußböden bestehen oft aus Stein – Schiefer und Kalkstein sind besonders beliebt. Die

LINKS Ein indisches Himmelbett (19. Jahrhundert) bildet den Mittelpunkt dieses Schlafzimmers. Das falsche Leopardenfell als Tagesdecke sorgt für einen witzigen Kontrast zu den Formen des Holzes und den walisischen Decken.

GEGENÜBER Dieses elegante Art Deco-Weinregal aus Aluminium stammt ursprünglich aus einer Bäckerei. Es wurde sorgfältig restauriert und passt jetzt hervorragend in das Esszimmer im Stil der 1930er Jahre.

LINKS »Wer wagt, gewinnt«, ist das Motto dieses Londoner Hauses, in dem sich der eklektische Stil in schönem Überfluss präsentiert. Auf dem Treppenabsatz steht ein Büfett aus dem 18. Jahrhundert mit einer Sammlung schöner Holzobjekte, ihm gegenüber sorgen 2000 Jahre alte Bronzegefäße für Kontrast. Ein federleichter Kronleuchter aus den 1930er Jahren gibt dem Ensemble eine frivole Note.

LINKS Die Vielseitigkeit des urbanen Stils ist hilfreich, wenn von ungünstig geschnittenen Räumen abgelenkt werden soll, wie in diesem Gästezimmer unter dem Dach. Grüne Vasen aus der Han-Dynastie und Schildpatt-Objekte – darunter ein prächtiger Spiegel – ziehen den Blick auf sich. Der holländische Sessel aus Walnussholz (18. Jahrhundert) bildet das optische Zentrum.

Wände sind eher schlicht, aber meist mit einem Stich Farbe. Jalousien an den Fenstern schützen die Privatsphäre. Sofas und Sessel sind meist groß und wuchtig, denn Behaglichkeit hat im urbanen Stil Priorität.

MUTIG MISCHEN

Als Ankerstück kann ebenso ein italienischer Tisch aus Chrom und Glas aus den 1970er Jahren dienen wie eine jakobäische Anrichte. Was zählt, sind Größe, Form und Textur eines Möbelstücks, und vor allem seine Wirkung im Raum. Der urbane Stil hat viel Witz, denn er lebt von der Spannung zwischen Elementen, die scheinbar keinen gemeinsamen Nenner haben. Ein modernes Gemälde kann über einem traditionellen Möbel hängen, ein zierlicher Stuhl neben einer dunklen, wuchtigen Truhe stehen – in der städtischen Welt ziehen sich die Gegensätze an. Jede verfügbare Ecke, auch tote Winkel an Treppen und Treppenabsätzen, wird optimal ausgenutzt. In der Stadt ist Platz meist knapp, darum darf er keinesfalls verschwendet werden. Und auch für die kleinste Ecke wird sich immer etwas Passendes finden.

Weil der Schwerpunkt deutlich auf der Optik liegt, spielt Qualität im Einzelnen keine allzu große Rolle. Den urbanen Stil kann man auch mit einem schmalen Budget verwirklichen, denn man kann Antiquitäten aus manchen Stilen und Epochen manchmal noch recht günstig bekommen. Sehen Sie sich einmal die Möbel genauer an, die andere Kunden links liegen lassen. Vielleicht finden Sie gerade darunter ein Stück, das perfekt in Ihre Einrichtung passt.

Bleiben Sie vor allem flexibel. Der urbane Stil darf nicht stagnieren. Er wirkt so frisch und lebendig, weil er die Möglichkeit zu ständiger Veränderung bietet. Gerade darum ist er ideal für Menschen, die sich leicht langweilen.

Vielschichtig üppig

GEGENÜBER Hier hat der Dekorateur seiner Kreativität ein so großartiges wie originelles Denkmal gesetzt: Ein Porträt von Alidad, gemalt von Victor Edelestein, übernimmt die Funktion eines Spiegels. Der Blick vom Sofa in den Raum entspricht genau der Ansicht des Bildes. Die Wände sind mit Motiven nach islamischen Mosaiken bemalt.

OBEN UND RECHTS Jeder Winkel dieses eleganten Raumes ist auf Wirkung bedacht. Der neugotische Schreibtisch aus dem 19. Jahrhundert ist mit einem Bronzekopf zwischen zwei Lavendelgestecken dekoriert. Alte Stoffe ziehen den Blick auf das Sofa.

Den »vielschichtigen« Einrichtungsstil mit seinen theatralischen, prunkvollen Effekten haben wir maßgeblich dem Designer Alidad zu verdanken. Gekonnt inszeniert ist dies einer der verführerischsten Wohnstile, die man sich vorstellen kann. Das luxuriöse Schwelgen hat manchmal fast schon etwas Dekadentes.

Zum Glück verlangt der Stil keine große alte Villa. Mit ein paar Tricks kann er auch in einer kleinen modernen Wohnung verwirklicht werden – wenn man dort vorher für dekorative Simse, schönen Deckenstuck oder Kamine sorgt.

Mit der Beleuchtung steht und fällt die Wirkung. Darum ist es wichtig, von vornherein verschiedene Lichtquellen einzuplanen. Fernseher, Stereoanlage und ähnliche Geräte werden versteckt, etwa in einem maßgetischlerten Schrank. Das Ziel ist in jedem Fall ein ebenso funktionaler wie schöner Raum.

Wenn diese Grundlagen gelegt sind, können Sie sich der Dekoration zuwenden. Vielschichtig bedeutet, jede verfügbare Fläche zu dekorieren – Fußboden, Wände, selbst die Decke. Denken Sie an intensive Farben, Orientteppiche, kunstvolle Vorhang-Draperien und prächtige Polster. Aber vergessen Sie nicht – das ist erst der Anfang.

Es reicht nicht, einen großartigen Stoff für das Sofa auszusuchen. Farbenprächtige Überwürfe, Kissen und Rollen gehören unbedingt dazu. Diese wiederum

GEGENÜBER Festlicher als in diesem golden glänzenden Esszimmer kann ein Menü wohl kaum serviert werden. Vielschichtig ist die Üppigkeit aus glitzerndem Glas und Kerzen, Welten entfernt von dezenter Schlichtheit. Die künstlich gealterte Wandbespannung aus geprägtem Leder wurde nach einem Vorbild aus dem 16. Jahrhundert von Alidad Ltd. produziert.

LINKS Auch dieses Stillleben zeigt, wie wichtig die Liebe zum Detail selbst in den unscheinbarsten Ecken ist. Die antike Tischdecke und der Wandbehang geben den Ton an, Bücher, Bronzestatuen, Büsten und andere kleine Kostbarkeiten versammeln sich darauf zu einem kunstvollen Arrangement.

müssen reichlich mit Litzen, Borten und Troddeln verziert sein. Stellen Sie sich einen gedeckten Tisch vor – dieser Stil verlangt eine opulente Dekoration, die einer bacchantischen Orgie würdig wäre, mit Pokalen aus poliertem Gold, feinstem Porzellan, schwer duftenden Blumen und einem Lichtermeer aus Kerzen. Warum soll man mit einem Stück zufrieden sein, wenn 20 doch mindestens so schön sind?

ES LEBE DIE EXTRAVAGANZ

Das Faszinierende an diesem opulenten Stil ist, dass man sich fühlt, als befände man sich in einem Roman oder einer Filmszene. Ein bisschen Realitätsflucht ist wohl dabei, doch ist nicht alles nur Fassade. Weil von Anfang an alle funktionalen Notwendigkeiten bedacht worden sind, kann man in solchen Traumschlössern durchaus ein normales Leben führen. Der Zauber dieser Räume rührt vor allem von der Liebe zum Detail.

Antike Möbel und Accessoires bilden das Rückgrat dieses Stils. Sie geben dem Raum eine Patina, die fast körperlich spürbar wird. Auch stilistisch sind Antiquitäten ideal, weil der Schwerpunkt hier auf Tradition und Behaglichkeit liegt. Vor allem alte Textilien tragen erheblich dazu bei, dass der ganze Raum – Möbel und Fußboden eingeschlossen – warm und bequem wirkt.

Die Präsentation ist ein weiterer Schlüssel zum Erfolg. Eine Gruppe von Gemälden an der Wand gehört ebenso dazu wie eine liebevoll arrangierte Sammlung von Kuriositäten. Eine gewisse, wenn auch nicht allzu strenge Symmetrie ist typisch. Vor allem ist dieser Stil behaglich. Er schafft einen Kokon aus Stoff und Farbe, ein warmes, sinnliches Refugium, weit weg von der kalten, rauen Welt draußen. Lassen Sie sich in seine vielen weichen Schichten fallen. Es kann allerdings passieren, dass Sie dann keinen Fuß mehr vor die Tür setzen mögen.

KITTY KELLEY
Grand Tour
SPENCER HOUSE
How to do Anything

Exquisites für Kenner

Es gibt nur wenige Sammler, die genug Geld für ihre Leidenschaft haben – und den Geschmack, für den sich diese Hingabe lohnt. Diese Menschen sind Kenner. Es lohnt sich, ihre exquisiten Interieurs einmal genauer anzusehen, selbst wenn sich die wenigsten von uns einen solchen Stil leisten können.

Den Kenner verbindet eine tiefe Liebe mit Antiquitäten, vielleicht, weil er oder sie mit ihnen aufgewachsen ist. Aus dieser Liebe ist schon früh Leidenschaft geworden, und damit wuchs auch der Wissensdurst über bestimmte Spezialgebiete. Kenner können es sich leisten, die besten Stücke zu kaufen. Aber sie würden sich niemals auf Empfehlungen anderer verlassen. Statt dessen verschlingen Sie Fachbücher, und manche lernen dabei so viel, dass sie eines Tages selber Fachliteratur veröffentlichen.

Beim Einkauf zeigen Kenner eiserne Disziplin. Nur das Beste ist gut genug – aber das muss nicht unbedingt das Teuerste sein. Weil sie so unermüdlich lernen, finden Connaisseure oft Schätze zu günstigen Preisen, und sie haben ein diebisches Vergnügen, wenn sie für ein Stück weniger ausgeben als es eigentlich wert ist. Allerdings wären sie auch bereit, einen überhöhten Preis zu zahlen, nur um ein spezielles Stück für ihre Sammlung zu ergattern.

Kenner bevorzugen einen klassischen Einrichtungsstil, denn er bietet einen idealen Hintergrund für ihre Besitztümer. Man findet bei Ihnen elegant

OBEN Dieser exquisite Konsoltisch, einer von einem Paar, ist aus geschnitztem, vergoldetem Holz mit einer schwarzen Marmorplatte, auf der eine Alabaster-Urne aus dem 17. Jahrhundert und zwei Bronzebüsten neben Kerzenhaltern aus Elfenbein, beides aus dem 18. Jahrhundert, stehen.

UNTEN Die Miniaturkopien antiker römischer Ruinen (19. Jahrhundert) aus rotem italienischem Marmor waren ein Souvenir von der Grand Tour.

GEGENÜBER Der Regency-Bücherschrank aus Mahagoni kann oben mit einem Rollo geschlossen werden, das eine seltene Asienkarte aus dem 18. Jahrhundert zeigt. Er wurde als Einzelstück für die Direktion der Ostindischen Companie gefertigt. Das Sofa ist viktorianisch, die beiden ovalen Spiegel Regency.

LINKS Teilweise bemalte chinesische Tonfiguren mit beweglichen Köpfen bilden eine reizende Gruppe auf dem Kamin aus Carrara-Marmor. Solche Figuren, die ausschließlich zur Dekoration hergestellt wurden, sind heute seltene und begehrte Sammlerobjekte. Der Spiegel stammt aus England (spätes 18. Jahrhundert).

GEGENÜBER Das Sideboard und die beiden Schränkchen aus Mahagoni mit Messingbeschlägen sind seltene Stücke aus dem Regency. Auch der Esstisch mit dem ungewöhnlichen Ormoulu-Unterbau, die Stühle und die konvexen Spiegel stammen aus dieser Zeit. Zwei Lack-Buddhas aus dem 17. Jahrhundert sowie ein Gemälde von Johan Wenzel Peter vervollständigen das beeindruckende Esszimmer.

geschnittene Räume, Parkettfußböden, edle Teppiche, Wände in intensiven Farbtönen, kunstvolle Fensterdekorationen und bequeme Möbel. Der Reichtum wird nicht zur Schau gestellt – Kenner würden das verachten. Wer das Haus eines Connaisseurs betritt, wird die wertvollen Objekte nicht auf den ersten Blick entdecken. Denn dem wahren Kenner macht es Freude, dass er die Qualitäten von Antiquitäten erkennt, die andere aus Unwissenheit übersehen. Wirklichen Respekt haben solche Menschen nur vor anderen Kennern, die mindestens ebenso viel Wissen besitzen wie sie selbst.

Ein wirklicher Kenner zu werden, kostet Geld. Doch Geld ist nicht die treibende Kraft, denn diese Menschen wissen ihren Besitz wirklich zu schätzen. Deswegen neigen sie auch dazu, ihren wertvollen Besitz eher einem Museum oder einer Galerie zu stiften als ihn in der Familie, die ihn vielleicht nicht richtig würdigen könnte, zu vererben.

WISSEN ANSAMMELN

Kenner wissen die Kunst der Präsentation zu schätzen, weil sie sich gerne mit schönen und seltenen Gegenständen umgeben. Sammlungen sind zu kleinen Stillleben arrangiert, Gemälde gut beleuchtet und die Möbel in makellosem Zustand. Das Selbstvertrauen, das von einem so erlesenen Geschmack herrührt, ist allerorts zu spüren.

Werden Sie bitte bei dieser Beschreibung nicht verzweifelt oder neidisch. Jeder kann ein Kenner werden, wenn er bereit ist, zu lernen. Es gibt noch viele Arten von Antiquitäten, die darauf warten, von ambitionierten Sammlern mit schmalem Budget entdeckt zu werden. Sammeln allein reicht allerdings nicht – man muss sich sein Gebiet erobern. Nur wer viel weiß, kann sicher sein, hochwertige Stücke zu kaufen. Das Wissen wird mit der Zeit wachsen – und Sie werden staunen, wie schnell Sie dann als Kenner akzeptiert werden.

Unverschnörkeltes Understatement

RECHTS Verspiegelte Türen rechts und links vom Kamin zaubern interessante Perspektiven. Das sonst schlichte Wohnzimmer wird durch das Regency-Sofa mit seinen verblassten Originalfarben aufgelockert.

LINKS Antiquitäten lassen sich leichter in eine moderne Einrichtung integrieren, wenn die Farbgestaltung zurückhaltend ist. Hier harmonieren sachlich moderne Möbel ausgezeichnet mit antiken Stücken wie einer Terrakottastatue Napoleons.

Leidenschaftliche Antiquitätensammler wissen, wie schwierig es ist, den Moment zu erkennen, in dem man mit Sammeln aufhören muss. Diese Selbstbeschränkung verlangt ein hohes Maß an Disziplin. Man muss sich von Dingen trennen, damit diejenigen, die man behält, optimal in Szene gesetzt werden können. Der Innenarchitekt Jonathan Reed steht in dem Ruf, seine Kunden von dieser Tugend überzeugen zu können. Das Ergebnis ist bei ihm ein klarer, unverschnörkelter Einrichtungsstil, wie er hier zu sehen ist.

Es gibt Anklänge an den Minimalismus, doch der Stil des Understatements ist nicht so strikt, darum lässt es sich leichter mit ihm leben. Er ist zurückgenommen und einfach, dabei aber keineswegs spartanisch.

Ein solcher Einrichtungsstil passt in ganz unterschiedliche Häuser, am schönsten wirkt er aber, wenn die architektonische Substanz möglichst unauffällig bleibt. Fußböden, Wände und Fensterdekorationen sollten edel, aber unaufdringlich sein. Funktionalität steht im Mittelpunkt, gutes Design ist die Voraussetzung. Darum müssen zuerst alle praktischen Aspekte abgewogen werden. Denken Sie an ausreichend Stauraum, mit Platz für Bücher, Zeitschriften und die verschiedensten Haushaltsgegenstände.

Achten Sie genau auf die Raumaufteilung. Die Möbel sollen so gestellt werden, dass das Raumgefühl nicht gestört wird und die Bewohner viel Bewegungsfreiheit genießen können. Hinter dieser Zen-artigen Einfachheit steckt der Grundgedanke, dass der Mensch Herr seiner Besitztümer ist – und nicht umgekehrt. So soll ein Raum entstehen, der heitere Ruhe ausstrahlt und dadurch einen Gegenpol zum Alltagsstress bildet. Wer seinen Besitz reduziert, verringert auch den Druck, den Unterhalt und Pflege materieller Güter nach sich ziehen. Eine Einrichtung

mit Understatement sorgt dafür, dass sich die Aufmerksamkeit ungeteilt den wenigen, ausgesucht schönen Stücken zuwendet, statt sich zwischen vielen verschiedenen Objekten zu verzetteln.

Antiquitäten werden zum Blickfang und verhindern durch ihre Patina und ihren Charakter, dass eine allzu eindimensionale Wirkung entsteht. Sie sind nicht nur wegen ihres Alters von Bedeutung, sondern wegen der ästhetischen Qualität, die dieses Alter mit sich bringt. Die Stücke werden wegen ihrer Proportionen, ihrer Form oder Oberflächen ausgewählt. Sie bringen eine Spannung in den Raum, die alles andere miteinander verbindet. Originalität und Rarität eines Möbelstücks sind von größerem Belang als seine Herkunft. So hat ein Einzelstück wie etwa ein exzentrischer Stuhl aus den 1950er Jahren ästhetisch mehr Gewicht als eine der gut gearbeiteten, aber allzu bekannten georgianischen Kommoden.

Viele Anhänger dieses Stils bevorzugen moderne Möbel. Darum gehen sie nicht gezielt auf die Suche nach Antiquitäten, doch sie wissen durchaus um die positive Spannung, die durch den Kontrast zwischen Alt und Neu entsteht.

LINKS Dieser elegante französische Wandschirm aus Holzleisten stammt aus dem 19. Jahrhundert. Mit seiner geschwungenen Form und einfachen Konstruktion wirkt er überraschend modern und setzt auf diese Weise einen stimmigen Akzent in diesem schlichten, ruhigen Raum.

GEGENÜBER Die ausgewogene Einrichtung dieses Wohnzimmers besteht aus modernen Maßanfertigungen und Antiquitäten. Zwei französische Art Deco-Sessel präsentieren sich in exakter Symmetrie, die durch die Positionen der Lampen und der beiden spanischen Art Deco-Urnen vor den Fenstern akzentuiert wird.

UNTEN Sieht man das Wohnzimmer vom Bild gegenüber aus einem anderen Blickwinkel, entdeckt man den irischen Spiegel aus dem 18. Jahrhundert, der sich mit seinen zeitlos schlichten Linien perfekt in das Interieur einfügt.

ORIGINALITÄT UND QUALITÄT

Gute Handwerksarbeit, in Bezug auf den Entwurf wie auf die Ausführung, wird von den Anhängern des Understatement sehr geschätzt.

Allerdings spielt die Präsentation von Sammlungen oder kleineren Objekten hier kaum eine Rolle. Grundsätzlich ist es günstiger, ein oder zwei markante Stücke auszuwählen als zu riskieren, die Ausgewogenheit durch allzu viele Details zu stören. Es geht nicht darum, möglichst alle Schätze unterzubringen. Das Ziel ist vielmehr, das eine besondere Objekt zu finden, das eine maximale Wirkung erzielt. Ist ein Raum erst einmal eingerichtet, ist es schwierig, neue Elemente einzubringen. Immer wieder muss aussortiert werden. Sehen Sie den Raum als Ganzes und nicht als Summe seiner Elemente, ob sie nun neu oder antik sind. Es geht stets darum, Harmonie, Ruhe und ein stimmiges Ganzes zu schaffen – und zu erhalten.

Futuristische Fantasien

LINKS In diesem Angreacich-Schrank geben sich Voneche-Kristallgläser und Champagnerflöten (um 1830) mit Art Deco-Karaffen und dekorierten Champagnerflaschen ein Stelldichein. Designer suchen heute die Verbindung zwischen Extravaganz und historischer Stimmigkeit.

Das Schöne am Einrichten ist, dass es heute keine Grenzen gibt. Jeder kann so individuell und nonkonformistisch sein, wie er mag. Es kommt vielmehr auf Persönlichkeit und Selbstvertrauen an. Das Haus der Designerin Lilli Curtiss bricht, ebenso wie ihre Möbelentwürfe, mit allen Konventionen, und wirkt trotzdem sehr stimmig, denn ihr ureigener Stil ist überall zu erkennen. Die Botschaft ist klar: Es geht vor allem darum, sich in den eigenen vier Wänden wohlzufühlen.

Hier sind Anklänge des Barock zu entdecken, allerdings in einer frischen Interpretation fernab von aller Schwere. Dramatische und manchmal erotische barocke Assoziationen sind in den übergroßen Kerzenhaltern, aufrechten Stuhllehnen und roten Polsterbezügen zu finden. Modern wirkt die Einrichtung durch reichlich Platz zwischen den Objekten und durch die metallisch schimmernden Oberflächen von Möbeln und Accessoires.

Wenn Sie sich mit Fantasie einrichten wollen, machen Sie sich keine Gedanken über Alter und Baustil des Hauses. Dieser Stil ist so frech, dass er darauf keine Rücksicht nimmt, er lässt sich in einem modernen Stadthaus ebenso wie in einer alten Villa ver-

LINKS Der Mirth-Schachtisch und die Regalia-Stühle haben grafische Formen und intensive Farben, was an Barockmöbel erinnert. Die roten und weißen Schachfiguren aus bemaltem Elfenbein stammen aus der indischen Kolonialzeit (um 1840). Die ganz persönliche Auswahl des Besitzers schlägt eine Brücke zwischen historischem Stil und Moderne.

GEGENÜBER Die Möbeldesignerin Lilli Curtiss verwendet Vergoldungstechniken aus dem 18. Jahrhundert für moderne Möbel. Sie greift auch gerne auf Antiquitäten zurück, um moderne Interieurs aufzulockern. Das eigenwillige Geländer und der kupferbeschlagene Schrank sind von ihr entworfen, der geschnitzte und vergoldete Lehnstuhl stammt aus Deutschland (19. Jahrhundert).

GEGENÜBER Diese Stilmischung wirkt fantastisch. Der Regalia-Sessel und der moderne Metall-Torso harmonieren mit blattversilberten italienischen Leuchtern aus dem 18. Jahrhundert. Eigentlich sind es Bodenleuchter, die früher nur auf der »Vorzeigeseite« vergoldet wurden; auf Augenhöhe kommen sie viel besser zur Geltung.

OBEN Wer Stile mischen will, greift am besten auf Stücke von auffallender Form oder Farbe zurück. Der Schwung der Leuchter wiederholt die Rundung des edwardianischen Streichholzspenders.

wirklichen. Bauliche Details sollten jedoch eher nicht betont werden, damit der Hintergrund nicht zu dominant wird. Wände, Böden und Fenster bleiben darum möglichst schlicht. Lamellen-Jalousien sind ideal, weil sie die Außenwelt aussperren und die Fenster kleiner und unauffälliger wirken lassen. Poliertes Parkett, das in alte und neue Häuser passt, ist eine gute Wahl. Die Wände sollten schlicht bleiben, ein schöner Spiegel im Stil des 18. Jahrhunderts und die Schattenspiele der Jalousien reichen aus, um sie zu beleben.

ZEITGEMÄSSE KONTRASTE

Die Wirkung entsteht durch kontrastierende Oberflächen: Blattsilber neben schokoladenbraunem Leder beispielsweise oder Blattgold mit gebeizter Eiche und Ebenholz. Antiquitäten sind keine notwendige, wohl aber eine effektvolle Zutat. Der Streichholzspender neben dem Spiegel ist dafür ein gutes Beispiel. Seine Form und Oberfläche passt perfekt zu den modernen Leuchtern gleich daneben. Der Glanz der Gläser aus dem 18. Jahrhundert harmoniert mit dem Kupferschimmer des Schrankes. Vergoldete italienische Bodenleuchter sind ideale Partner für die blattversilberten Möbel.

Wer so extravagante Stücke wählt, sollte nicht zu viel anderes in den Raum bringen. Zwar ist dieser Stil nicht minimalistisch, dazu ist er viel zu skurril und witzig, trotzdem lebt er von einer eher sparsamen Dekoration. Hier fällt der Blick zuerst auf die dramatische Form der Stühle, dann kann er weiter schweifen – zur vergoldeten Platte des Beistelltischchens oder zu dem interessanten Torso aus Draht.

Allerdings ist dieser Stil kompromisslos. Die Handschrift des Gestalters ist klar zu erkennen, und ein Stück, das sie nicht trägt, würde nicht ins Konzept passen. Die Harmonie rührt vor allem daher, dass antike wie moderne Möbel sich im ausdrucksvollen Charakter, den markanten Formen und im Wesen der Oberflächen ähneln.

Klassik mit Pfiff

Soll Ihr Zuhause einladend, geordnet und angenehm anzuschauen sein, dann ist der klassische Stil richtig für Sie. Der ästhetische Aspekt ist sorgfältig geplant, doch wirkt alles bequem und entspannt, man fühlt sich an große Landhäuser und aristokratische Lebensweise erinnert. Im Lauf der Jahre ist dieser Stil jedoch strenger und strukturierter geworden, wie ein Blick in das Haus von Nina Campbell, einer der führenden englischen Innenarchitektinnen, zeigt. Auch Firmen wie Sybil Colefax and John Fowler sind Meister dieses Stils.

Wie immer muss zuerst der Raum selbst begutachtet werden: Türen, Fenster, Deckenhöhe, Leisten. Unscheinbare Fußleisten könnten durch breitere ersetzt werden, markante Deckenleisten geben dem Raum mehr Profil. Wenn Türen und Rahmen nicht makellos sind, sollten sie ersetzt werden. Der Schlüssel des klassischen Stils liegt in Qualität und Liebe zum Detail.

Legen Sie als nächstes die Positionen von Steckdosen, Heizkörpern und ähnlichen funktionalen Dingen fest. Klassischer Stil heißt vor allem auch Lebensqualität. Gerade Menschen mit einem hektischen Beruf legen großen Wert darauf, dass zu Hause alles reibungslos funktioniert.

Nun zur Ästhetik. In einem klassischen Raum soll alles ausgewogen und wohlproportioniert wirken. Ein Blickfang ist ein Muss – das kann im Wohnzim-

GEGENÜBER Ein edler *bureau de cylindre* bildet den Blickfang in dieser Diele. Die beiden Stühle (17. Jahrhundert) sind mit antikem Stoff bezogen, der Teppich ist ein Aubusson. Grand Tour-Urnen und andere dekorative Objekte runden das aristokratische Ambiente ab.

OBEN Ein William-IV-Diwan trennt die beiden Hälften des Wohnzimmers. Die Symmetrie der georgianischen Kartentische und der kunstvollen vergoldeten Wandleuchten lässt die Sorgfalt beim Einrichten spüren.

LINKS Das Detailfoto des Diwans vom großen Foto oben zeigt die prächtige Kombination aus Stoffen und Quasten. Wer so ein edles Stück besitzt, sollte es im besten Gewand präsentieren.

GEGENÜBER Die gelungene Farbkombination in diesem Familienwohnzimmer ist von dem gestickten Teppich aus dem 18. Jahrhundert inspiriert. Die verschwenderische Fülle von Stoffen schafft eine gemütliche und einladende Atmosphäre. Antiquitäten wie der Regency-Hohlspiegel geben dem Raum eine zeitlose Stimmung.

RECHTS Der französische Cocktailtisch aus den 1930er Jahren mit seinen herausziehbaren Platten ist ebenso funktional wie attraktiv und erfüllt auch die praktischen Anforderungen des Klassischen Stils. Im Hintergrund steht ein vergoldeter italienischer Armlehnstuhl, der zu einem Paar aus dem 19. Jahrhundert gehört.

mer der Kamin sein, oder auch ein beeindruckendes Möbel wie etwa ein großer Bücherschrank. Vor den Kamin gehören ein schönes Gitter samt Kaminbesteck, darüber ein großer Spiegel, und natürlich brennt ein echtes Feuer.

WAS DAZU GEHÖRT

Weil es vor allem um Behaglichkeit geht, wird ein klassischer Raum besonders sorgfältig eingerichtet. Dicke Teppiche, reich fallende Vorhänge und elegante Tapeten schaffen die richtige Atmosphäre von traditioneller Eleganz.

Wichtig ist dabei, wie man die Möbel stellt, denn dieser Stil lebt von Symmetrie – die aber nicht streng formal sein darf, denn sonst geht die entspannte Atmosphäre verloren. Beistelltische, Lampen und Kissen betonen die harmonische Ordnung. Bilder sollten in Gruppen aufgehängt werden, eine Sammlung bekommt mehr Bedeutung, wenn sie schön geschlossen gruppiert wird. In einem klassisch eingerichteten Raum wird man auch viele Kleinigkeiten finden, dazu Bücher, Zeitschriften, Blumen und Fotografien, doch wirkt alles stets aufgeräumt. Der Grat zwischen Komfort und Chaos ist schmal – das richtige Maß an Entspannung ist im Klassischen Stil schwerer zu verwirklichen als man zunächst meint.

Wählen Sie Möbel mit klaren Linien, um die formelle Gestaltung des Raumes zu betonen. Achten Sie auch auf die Proportionen. Ein auffallend großes Stück kann eine verblüffende Wirkung haben, denn es kann ein bescheiden dimensioniertes Zimmer

weiträumiger erscheinen lassen, als er eigentlich ist. Hohe Spiegel, imposante Lampen, füllige Kissen und große Stühle eignen sich gut für diesen Zweck.

Der Klassische Stil lebt von Antiquitäten. Nicht nur, weil sie die traditionelle Note des Raumes unterstreichen, sondern auch wegen ihrer Materialien. Möbel aus edlen Hölzern gehören hierher, schöne und hochwertige Bücherschränke, Tische, elegante Sideboards und Stühle sorgen für ein Gefühl von Reichtum und Qualität, zu dem auch die Patina von Antiquitäten gehört.

Das Gefühl von Zeitlosigkeit, das von Antiquitäten ausgeht, steht ganz im Einklang mit dem klassischen Dekorationsstil. Alte Möbel schlagen eine Brücke zur Vergangenheit und lassen die Zukunft weniger ungewiss scheinen. Klassisch eingerichtete Räume wirken, als hätten sie schon immer so ausgesehen und als würden sie noch viele Jahre überdauern.

RECHTS Blau-weiß ist auch für moderne Interieurs eine zuverlässige Kombination, um stille Ecken zu beleben. Füllen Sie Vasen mit bunten Blumen, aber lassen Sie stets eine Farbe vorherrschen.

GEGENÜBER Die Sammlung von alten Whitefriars- und Cranberry-Gläsern sowie neuen Stücken wirkt in dem offenen Regal jung und frisch. Die Stühle aus dem 19. Jahrhundert haben farbenfrohe, großkarierte Bezüge bekommen.

UNTEN Der französische schmiedeeiserne Tisch aus dem 19. Jahrhundert wirkt vor einer sonnengelben Wand überraschend modern. Darüber hängt eine Tuschzeichnung der 1792 zerstörten Abbaye de Corneux, unter dem Tisch setzen die blau-weißen Ingwertöpfe das lineare Arrangement fort.

Farbenfroh und zeitgemäß

Jung, lebhaft und hell – das sind die richtigen Adjektive, um diesen Stil zu beschreiben. Er ist ideal für das Zuhause einer Familie, in der Antiquitäten eher zum Benutzen als zum Bewundern da sind. Dieses moderne Einrichtungskonzept greift unverdrossen auf die unterschiedlichsten Quellen zurück und mischt alles zu einem zauberhaften Ganzen. Der Grundgedanke ist: Wenn Antiquitäten so lange Zeit überdauert haben, dann verkraften sie auch die Beanspruchung durch kleine Kinder und Haustiere.

Ob modernes Reihenhaus oder geräumige Wohnung: dieser Stil passt immer. Hier werden keine Räume umgebaut – man akzeptiert Mängel und macht etwas daraus. Farben und Muster beschäftigen das Auge, so dass die weniger günstigen Aspekte gar nicht auffallen.

Wenn Sie kleine Kinder oder Haustiere haben, müssen Sie praktisch denken. Wählen Sie pflegeleichte Fußböden, abwaschbare Tapeten und robuste Möbel. Leuchtende Farben heben die Stimmung und laden ein, gemeinsam Spaß zu haben. Stauraum sollte reichlich eingeplant werden: Das Leben mit Kindern läuft reibungsloser, wenn reichlich Platz vorhanden ist, um am Abend all den Krimskrams zu verstauen.

Weil dieser Stil keine starren Grenzen kennt, können Sie nach Herzenslust Neues und Altes mischen.

GEGENÜBER Die gewagte, aber stimmige Stilmischung in diesem Schlafzimmer beginnt mit dem modernen Gemälde von Putrishia Lawlor. Darunter steht 2000 Jahre alte Han-Keramik und ein ebenso altes Schamotte-Kästchen auf einer chinesischen Kommode aus Ulmenholz. Die provenzalische Bettdecke aus dem 19. Jahrhundert verheimlicht nicht, dass sie ein Gebrauchsstück ist.

OBEN UND LINKS Viktorianisches Cranberry-Glas hat eine wunderbar tiefe Rotfärbung, die hier dem schön gedeckten Gartentisch ein edles Flair verleiht.

Eine Sammlung antiker Gläser wird problemlos mit schönen modernen Exemplaren ergänzt, viktorianische Stühle werden neu und farbenfroh bezogen. Nur moderne Stücke zu wählen, könnte leicht langweilig werden – Antiquitäten mit ihrem ganz besonderen Charakter beleben den Raum.

FAMILIENLEBEN

Wer Antiquitäten für den Familienhaushalt aussucht, muss sich nicht damit abmühen, sie stets in makellosem Zustand zu halten. Sie besitzen Ihre Möbel – nicht umgekehrt. Widerstrebt es Ihnen, wenn etwas beschädigt wird, so sollten Sie nach Stücken Ausschau halten, die bereits Gebrauchsspuren haben. Am besten akzeptieren Sie, dass ein Möbel, das mit Ihnen lebt, schon einmal einen kleinen Kratzer abbekommen darf.

Natürlich ist es sinnvoll, wenn Kinder lernen, die Möbel und Dekorationsgegenstände in der Wohnung mit Respekt zu behandeln. Kinder sind nicht von Natur aus destruktiv. Ermahnen Sie, wo es nötig ist, aber fordern Sie die Kinder nicht ständig zur Vorsicht auf. Wenn Sie jedoch keine kleinen Missgeschicke verkraften können, sollten Sie von diesem Stil lieber Abstand nehmen.

Weil dieser Stil so eklektisch ist, kann man die Einrichtung ändern, wann immer man dazu Lust hat. Wird ein Ankerstück gegen ein anderes ausgetauscht, kann sich die Stimmung eines Raumes völlig verändern, selbst wenn die restliche Einrichtung unberührt bleibt. Diese Flexibilität ist einer von vielen Vorteilen. Bei diesem zeitgemäßen Stil hat man das Gefühl, dass in der Wohnung immer etwas in Bewegung ist. Er vermittelt eine kreative Geschäftigkeit, die der Alltagsdynamik durchaus entspricht. Ästhetisch wie funktional erfolgreich, beweist dieser Stil vor allem, dass Antiquitäten und Familienleben sich bestens vertragen.

GEGENÜBER Der chinesische Lackschrank aus dem frühen 19. Jahrhundert ist ein großartiger Blickfang, der die Atmosphäre in diesem Raum prägt. Dekorative Prachtexemplare sind der Tisch mit Delfinen als Mittelfuß (Deutschland, frühes 19. Jahrhundert) und der frühviktorianische Klappstuhl aus Leder und Messing.

Geliebtes Chamäleon

Wenn Sie im Grunde Ihres Herzens ein sinnlicher Träumer mit Hang zur Realitätsflucht sind, wird der Chamäleon-Stil Ihnen gefallen. Sein Ziel ist, eine Nische der Perfektion zu kreieren – ein vergoldetes Refugium, sorgsam geschaffen um sich zurückzuziehen und die hässliche Welt auszusperren. Anders als beim »Großen Stil« liegt hier der Schwerpunkt auf der Privatsphäre. Auch mit dem Klassischen Stil darf man den Chamäleon-Stil nicht verwechseln, er ist sehr viel unkonventioneller.

Ein schönes altes Haus wäre ein großer Vorteil. Hohe Fenster, Kassettentüren und Stuckdecken geben einen guten Grundstock für die weitere Gestaltung. Groß müssen die Räume nicht sein, kleine sind ebenso attraktiv – wichtig ist nur, dass ein schönes Ankerstück hineinpasst, an dem die restliche Einrichtung sich orientieren kann.

Weil hier alles auf Fantasie beruht, folgt man hier niemals nur einem einzigen Stil. Frühgeorgianisches steht neben Art Deco, Regency neben Edwardian. Das Gesamtbild soll wohl Alter und Tradition suggerieren, doch darf dies unbestimmt sein. Die Bezeichnung Chamäleon rührt eben daher, dass ein Betrachter den Stil nicht auf eine bestimmte Richtung festlegen kann.

Weil hier ein Refugium geschaffen werden soll, hat Behaglichkeit oberste Priorität. Trotzdem werden Sie wahrscheinlich mehr Geld für Möbel und Ausstat-

OBEN Das Chamäleon liebt exquisite Handwerkskunst: Diese Lampe aus Sienna-Marmor ist eine bemerkenswerte Steinmetzarbeit – Grand Tour-Stil vom Feinsten.

LINKS Alles ist hier mit Sorgfalt ausgesucht. Die Brieföffner aus emaillierter Bronze gehören zu einer ganzen Sammlung mit Pierrot-Motiven.

OBEN Pilaster im Regency-Stil geben einem eingebauten Bücherregal einen Hauch von Grandezza. Das Bett aus Ulmenholz mit Ormoulu-Vergoldung, von Jean-Jacques Werner zur Zeit Charles X. entworfen, ist ein sehr unkonventionelles Element in diesem Wohnzimmer.

LINKS Ein reizender Pierrot späht zwischen in Pergament gebundenen Büchern hervor.

LINKS Chamäleons verbringen oft Stunden damit, ihre Sammlungen zu arrangieren. Diese witzigen Pierrots wirken, als stünden Sie ganz zufällig da. In Wirklichkeit gibt es jedoch subtile Bezüge zwischen den einzelnen Gesichtern und bestimmten Buchtiteln.

tung ausgeben als für die Dekoration. Parkettböden mit edlen, aber schon etwas fadenscheinigen Aubusson-Teppichen passen großartig hierher. Die Fenster können mit Bahnen preiswerten Stoffs oder Resten antiker Textilien dekoriert werden. Zurückgenommene, ruhige Farben an den Wänden eignen sich am besten als Hintergrund für Spiegel, Gemälde und sogar leere vergoldete Rahmen.

In jedem Fall sollte ein prächtiges Ankerstück als Blickfang eingeplant und nach allen Regeln der Kunst in Szene gesetzt werden. Das kann ein Bett im Empirestil sein, ein Gemälde oder ein schöner Tisch. Es kommt vor allem auf Proportionen, Form und Ornamentik an. Dekorative Details sind wichtig und werden betont, indem man ein reich verziertes Stück neben ein ganz schlichtes stellt.

Texturen spielen hier eine große Rolle, weil Chamäleons sinnlich sind und sich gern mit weichen, luxuriösen Materialien umgeben – und das bezieht sich nicht allein auf Textilien. Denken Sie an den Schimmer von Glas und Kristall, den Glanz von Spiegeln, die sanfte Rundung eines Stuhlbeins oder an dicke, weiche Kissen. Das Chamäleon ist ein Sammler, der in diesen Dingen, überhaupt in allem, was ihn umgibt, nach Perfektion sucht. Auch die Präsentation soll möglichst makellos sein. Stunden werden damit zugebracht, eine Sammlung zu arrangieren oder ein Bild optimal aufzuhängen. Nichts soll das sensible Auge beleidigen.

DEKORATIVE INTEGRITÄT

Antiquitäten gehören zum Wesen dieses Stils. Die eine oder andere gute Reproduktion mag wohl verwendet werden, doch haben nur echte Antiquitäten die Ausstrahlung, den dieser Stil verlangt.

Chamäleons hängen nicht krampfhaft an ihrem Besitz. Wenn sie etwas sehen, das sie unbedingt haben müssen, verkaufen sie kurzerhand ein anderes Stück, um Platz zu schaffen. Und wenn sie nach sechs Monaten entdecken, dass sie gut auf die neue Errungenschaft verzichten können, wird auch diese ausgetauscht. Kaum ein Stück steht lange an seinem Platz, und durch den ständigen Wandel wird es nie langweilig. Es ist jedoch verblüffend, dass die Wirkung solcher Wohnungen genau entgegengesetzt ist – auf den ersten Blick möchte man meinen, das Interieur habe sich seit Jahrzehnten nicht verändert.

Chic mit wenig Geld

OBEN Der schlichte Eisentisch war sehr preiswert. Sein Besitzer Rob Hunter hat eine neue Tischplatte aufgesetzt und das Gestell künstlich gealtert. Die Statue aus der Han-Dynastie stellt einen Priester dar.

Menschen mit schmalem Budget halten Antiquitäten oft für einen unerfüllbaren Traum. Das muss nicht sein: Wie überall ist auch bei Antiqitäten das Preisspektrum groß. Die Kunst besteht darin, das Beste zu kaufen, was man sich leisten kann, und es so zu präsentieren, als hätte es den zehnfachen Wert.

Eine Möglichkeit besteht darin, an anderen Möbeln zu sparen und dafür etwas mehr für ein wirklich schönes altes Stück auszugeben. Einfache Sitzmöbel, schlichte Regale und ein paar Stell- und Ablageflächen für Bücher, Lampen und andere Notwendigkeiten reichen völlig aus.

Auch der Raum selbst wird ganz einfach gestaltet. Für den Fußboden genügen einfache Dielenböden oder natürliche Bodenbeläge, die Wände werden gestrichen, die Fenster schlicht dekoriert.

Damit haben Sie einen neutralen Hintergrund für einige wenige gute Stücke, bei deren Auswahl Sie mehr auf Qualität als auf Quantität achten sollten. Sie könnten Ihr ganzes Budget für ein großartiges Gemälde, eine Statue oder einen anderen Kunstgegenstand investieren. Was zählt, ist die Patina, die dem Raum eine spezielle Klasse gibt und die neue Stücke einfach nicht besitzen. Wählen Sie etwas, das interessant genug ist, um die restliche Einrichtung aufzuwerten.

Das kann ein Möbelstück sein, aber auch ein anderer dekorativer Gegenstand. Koffer beispielsweise sind eine großartige Anschaffung, weil sie so praktisch sind. Sie bieten Stauraum und Stellfläche, und oft bestehen sie aus Materialien, die mit dem Alter nur schöner werden. Verblichenes Leder, Messing und Seidenfutter ist eine verführerische Kombinati-

GEGENÜBER Der natürliche Bodenbelag und die schlichten Wände geben den idealen Hintergrund für eine Sammlung ab. Der große, pergamentbezogene chinesische Koffer mit Lederecken stammt aus dem 19. Jahrhundert.

RECHTS Dieses bescheidene Badezimmer hat einige Überraschungen zu bieten: Ein indischer Schrank aus Rosenholz trägt das Waschbecken, die Einbauregale neben der Badewanne sind ein ebenso ungewöhnlicher wie origineller Platz für die 2000 Jahre alten Krieger und Bannerträger aus der Han-Dynastie.

on, die in jeder Umgebung hinreißend aussieht. Auch alte Holzkoffer können einem Zimmer das Flair von verblichener Eleganz geben. Antike Reiseutensilien strahlen eine wunderbare Romantik und ein Gefühl von Glamour und Luxus aus.

EIN BLICK FÜR DIE PRÄSENTATION

Der Trick beim Gestalten mit beschränkten Mitteln besteht darin, die Dinge, die Sie besitzen, gekonnt in Szene zu setzen. Das heißt zum Beispiel, Dekorationen und Möbel genau an der richtigen Stelle und in optimaler Höhe aufzustellen. Möchten Sie etwa ein dreidimensionales Objekt an der Wand befestigen, könnten Sie dafür einen Sockel anfertigen lassen, um so die richtige Höhe zu gewinen und einen stärkeren Akzent zu setzen. Die Wirkung ist noch besser, wenn mehrere ähnliche Objekte zu einer Gruppe zusammengefasst werden. Mit einem Sockel können Sie auch besondere Lieblingsstücke auf Augenhöhe heben – da geht nichts über Plexiglas, denn es ist nahezu unsichtbar und das Objekt selbst wird die ungeteilte Aufmerksamkeit genießen.

Kontrast ist ein weiteres gutes Prinzip. Ob alte Bücher mit Ledereinband, antike Steinkrüge, mathematische Instrumente oder Fossilien – das alles wirkt noch viel schöner, wenn es dekorativ zusammensteht oder mit anderen interessanten Objekten kombiniert wird. Kurz gesagt: Über den ganzen Raum verteilt könnten Ihre Schätze leicht verloren wirken – in Gruppen zusammengefaßt, sehen sie einfach nach mehr aus.

Wenn Sie sich für dieses Einrichtungskonzept entscheiden, kann es leicht geschehen, dass Sie immer mehr Schätze zusammentragen. Viele Sammler haben einmal klein angefangen. Und die wenigsten mögen sich von ihren ersten Errungenschaften trennen. Wer etwas Gutes kauft, wird das auch später kaum bereuen.

RECHTS In dieser Ecke des Wohnzimmers steht ein kleiner syrischer Holztisch mit Intarsien aus Elfenbein und Perlmutt. Der chinesische Bambustisch auf der rechten Seite war ein Schnäppchen. Das abstrakte Bild hat der Besitzer selbst gemalt, um die kahle Ecke zu beleben. Darunter fand eine schmale englische Bank ihren Platz, auf der schlichte indische Gefäße arrangiert sind.

LINKS Möbel für wenig Geld kann man manchmal auf Umwegen finden. Diese Industriestühle standen in einer aufgelassenen Fabrik – und sind in dieser smarten Küche genau richtig. Alten Stücken ein neues Leben zu verleihen gehört zu den Freuden eines Second-Hand-Kaufes.

Kapitel 10

Einkaufstips

RECHTS An den Löwenfüßen des italienischen Tisches aus Carrara-Marmor (19. Jahrhundert) wird deutlich, welche Kunstfertigkeit im Verarbeiten dieses Materials möglich ist.

Man muss kein Experte sein, um Antiquitäten zu kaufen. Bei der Suche nach einem bestimmten Stück sind jedoch einige Grundkenntnisse hilfreich. In diesem Kapitel finden Sie nützliche Informationen darüber, was man am besten wo kauft und worauf man achten sollte, außerdem Tipps zum Kauf von Möbeln, Porzellan und anderen Objekten.

WO KAUFT MAN AM BESTEN?

Beim Antiquitätenhändler. Bei seriösen, alt eingesessenen Händlern können Sie beruhigt kaufen, manche garantieren sogar, dass sie Stücke aus dem eigenen Lager später zurückkaufen oder verrechnen, wenn auch nicht unbedingt zu einem höheren Preis. Knüpfen Sie Beziehungen mit verschiedenen Händlern an, damit sie Ihren Geschmack und Stil kennen lernen können; sie schauen sich dann auch nach speziellen Stücken für Sie um und geben Ihnen Nachricht, wenn etwas Interessantes ins Lager gekommen ist. Bei guten Händlern kann man übrigens auch viel lernen.

Antiquitäten-Märkte haben den Vorteil, dass Sie dort gleichzeitig das Angebot mehrerer Händler vorfinden und vergleichen können. Der Nachteil sind die hohen Preise, denn die Händler haben durch den Transport der Ware und die Standgebühren erhebliche Kosten.

Auktionshäuser haben in der jüngsten Vergangenheit an Beliebtheit gewonnen, sind aber für Laien weniger geeignet. Nicht alle Auktionen finden in eigenen Verkaufsräumen statt. Es lohnt sich auch, Auktionen von Haushaltsauflösungen auf dem Land zu besuchen, wo der gesamte Hausstand vom Keller bis zum Dachboden innerhalb weniger Tage versteigert wird. Hier kann man Schnäppchen machen, aber auch überhöhte Preise zahlen. Die folgenden Punkte sollten Sie beachten:

1. Anders als bei einem Händler können Sie keine Stücke zur Probe mitnehmen. Fotos in den Katalogen verbergen meist sehr geschickt die

OBEN Der prächtige Schreibtisch aus Vizagpatan ist ein großartiges Beispiel für die kunstvollen Kolonialmöbel des 18. Jahrhunderts. Er besteht aus Silber, Rosenholz und Elfenbein.

GEGENÜBER Vergoldete, geschnitzte Holzmöbel, französische Directoire-Sessel, italienische Spiegel und Parfümflacons mit Ormoulu-Monturen gehören zu dem großen Sortiment, aus dem der Kunde bei Guinevere auswählen kann.

LINKS Der verschließbare Louis-XV-Schreibtisch aus Walnussfurnier hat Griffe und Beschläge aus Bronze.

OBEN Eine schwarze Chiffonière aus der Zeit Georgs III. mit Chinoiserie-Vergoldung.

LINKS Dieses prächtige Bett aus Ulmenholz hat Ormoulu-Dekorationen von Jean-Jacques Werner.

Mängel. Nehmen Sie ein Stück und seine Beschreibung genau unter die Lupe, bevor Sie bieten. Ist das Alter angegeben? Taucht der Begriff »Stil« auf? Fehlt die Altersangabe, könnte es eine Reproduktion sein. Wenden Sie sich bei speziellen Fragen an den Auktionator.

2. Meist sind Katalogpreise gute Richtlinien. Hüten Sie sich aber vor Objekten mit lächerlich niedrigem Preis. Womöglich verlieben Sie sich in ein Stück, das meilenweit entfernt versteigert wird. Sie kommen zur Auktion und staunen über die galoppierenden Gebote. Gute Stücke erzielen überall ihren Preis, erwarten Sie also keine Schnäppchen.

3. Auf den Preis wird meist eine Provision aufgeschlagen. Legen Sie Ihren Höchstpreis fest – und halten Sie sich daran. Im Katalog finden Sie auch Angaben, welche Nebenkosten vom Käufer zu tragen sind.

Kleinanzeigen. Es kostet viel Zeit, hier nach Möbeln oder anderen Stücken zu suchen. Oft muss man auch weit fahren, um sie zu besichtigen. Zudem kann es schwierig werden, ein Stück abzulehnen, wenn es Ihnen nicht gefällt: Aus einem Privathaus geht man nicht so leicht mit leeren Händen wie aus einem Geschäft.

MÖBEL

Wer Möbel kaufen will, sollte sich mit Stilkunde beschäftigen, um das Alter eines Stückes bestimmen zu können. Es gibt erhebliche Qualitätsunterschiede zwischen Möbeln bis zur zweiten Hälfte des 19. Jahrhunderts und solchen aus industrieller Zeit. Vor 1850 wurden Möbel von Hand gebaut. Maschinen gab es damals kaum, und hervorragende Handwerksarbeit war billig.

Sehen Sie sich ein Stück von allen Seiten an, damit Sie sich Ihrer Entscheidung sicher sind. Prüfen Sie den Erhaltungszustand und achten Sie auf nicht genannte Schäden. Haben Sie den Eindruck, dass etwas verändert oder ersetzt wurde, bitten Sie den Verkäufer um eine Erklärung – er oder sie sollte genau Auskunft geben können.

Wenn Sie an einem Möbel interessiert sind und Holzwurmlöcher entdecken, klopfen sie dagegen, um zu prüfen, ob sie frisch sind. Ist der Holzwurm aktiv, wird Holzmehl austreten. Sehen Sie sich Möbel und Schnitzereien auch von unten an: Handarbeit zeichnet sich durch Unregelmäßigkeiten aus. Prüfen Sie, wie dick das Furnier ist, ob die Scharniere mit Splinten zusammengehalten werden und ob die Unterseiten der Füße deutliche Abnutzungsspuren zeigen. Wenn Sie all das finden, haben Sie entweder ein wirklich altes Stück oder eine sehr gute Kopie vor sich. Trifft auch nur ein Punkt nicht zu, so ist das Stück jüngeren Datums, wurde repariert oder verändert.

Wenn es Ihnen mehr auf das Aussehen als auf die Authentizität ankommt, ist das kein Problem. Schon wegen des Preisunterschiedes sollten Sie aber wissen, was Sie kaufen. Kenner werden einen Stuhl bevorzugen, der um 1720 hergestellt wurde und nicht 150 Jahre später. Jüngere Kopien sind häufig nicht ganz akkurat. Die Schnitzereien des Originals sind oft schärfer konturiert, die Proportionen großzügiger. Es braucht einige Übung, die Unterschiede zu erkennen, denn sie sind nicht immer so offensichtlich.

Allerdings streiten sich auch Experten oft über das Alter eines Stücks. Von einem Amateursammler kann man solchen Sachverstand nicht erwarten, lassen Sie sich darum vom Händler die wichtigsten Daten schriftlich geben, z. B. »Provenzalischer Louis XV-Sessel, Walnussholz, circa 1750«. Das gibt Ihnen eine gewisse Garantie.

Geschnitzte Möbel. Achten Sie auf die Übergänge. Manche Stücke sind in Teilen verarbeitet worden, so dass z. B. die Schnitzerei auf einer Querstrebe nicht mit der auf dem anschließenden Bein zusammenpasst. Gelegentlich werden Möbel auch nachträglich zusammengefügt, so können Ober- und Unterteil eines Büfetts ursprünglich von zwei verschiedenen Möbeln stammen. Prüfen Sie, ob Holz und Schnitzerei zusammengehören. Sehen Sie auch die Unterseite eines Tisches an, vielleicht wurde das Gestell verändert oder ersetzt. Achten Sie auf Schleifspuren und Schraublöcher (auch gespachtelte).

Kolonialmöbel bestehen fast immer aus Hartholz. Es gibt sehr edle, schlichte, aber auch kunstvoll mit Schnitzereien und Intarsien verzierte Stücke. Aus der spätgeorgianischen Zeit und dem Regency stammen vor allem Möbel aus Rosenholz, Mahagoni und Teak, die jeweils unter dem Einfluss des zeitgenössischen europäischen Stils hergestellt wurden. Die Schnitzereien auf Möbeln des 19. Jahrhunderts sind meist gröber, oft mit deutlich erkennbaren indischen Einflüssen, die auf die Kolonialzeit zurückgehen. Solche Möbel sind heute sehr geschätzt, weil allein das Holz schon erheblichen Wert hat.

OBEN Ein imposanter Empire-Tisch aus Mahagoni mit Eisenverspannung.

MITTE Der kunstvolle Tisch entstand um 1830 in Ceylon.

RECHTS Ein französischer Regency-Sessel aus Obstbaumholz.

Chinesische Lackmöbel. Weil die eleganten Formen und glatten Oberflächen chinesischer Lackmöbel für moderne Interieurs immer beliebter werden, überschwemmen Reproduktionen den Markt. Tatsächlich hat sich die Herstellung chinesischer Schränke und Kommoden seit 500 Jahren nicht verändert. Das Alter eines Stückes erkennt man am Lack: Bei antiken Stücken weist er in der Regel Craquelé, feinste Haarrisse, auf, eventuell auch Unebenheiten durch jahrelange Abnutzung. Bei Truhen und Kästen sollten Sie die Kanten genau betrachten. Alte Stücke sind in der Regel durch Keilzinkung zusammengefügt, Reproduktionen sind meist nur verleimt. Alte Bauernmöbel aus abgebeizter Ulme oder Fichte sind leicht an der aufgestellten Maserung zu erkennen, die durch häufiges Reinigen entstanden ist. Die weicheren Holzpartikel sind ausgewaschen, der Charakter des Materials erinnert entfernt an Treibholz.

OBEN Eine chinesische Lacktruhe. Rot hat in China als Farbe für Hochzeitsgeschenke Tradition.

LINKS Ein venezianischer Spiegel (18. Jahrhundert). Murano-Glas war wegen seiner hohen Qualität geschätzt.

UNTEN Englisches Geschirr aus dem 18. und 19. Jahrhundert steht heute bei Sammlern hoch im Kurs.

SPIEGEL

Das Glas von Spiegeln, die 100 Jahre oder älter sind, hat unter der Oberfläche milchig glänzende Flecken, bedingt durch die Auflösung des Quecksilbers. Stellen, die wie Pinselstriche aussehen, weisen darauf hin, dass ein Spiegel künstlich gealtert wurde.

Auch der Rahmen ist wichtig. Meiden Sie zu dünne, instabile Rahmen. Ob vergoldet, furniert, lackiert oder aus Schildpatt – die Dicke des Rahmens sollte immer im Verhältnis zur Größe des Spiegels stehen. Die einzige Ausnahme bilden irische Spiegel mit Glasstegen, deren Rahmen grundsätzlich nicht dicker als die Stege sind.

PORZELLAN

Echtes Porzellan wird aus weißem Ton, dem sogenannten Kaolin hergestellt. In China wurde es bereits im 17. Jahrhundert produziert, das Verfahren blieb aber geheim und kam erst im 18. Jahrhundert nach Europa. Im 16. und 17. Jahrhundert gab es daneben eine Porzellanimitation, die aus Kaolin und Quarz hergestellt wurde, das sogenannte chinesische Weichporzellan. Wegen der aufwändigen Herstellung sind solche Stücke heute sehr selten, zumal die Produktion nach Bekanntwerden des echten Porzellans eingestellt wurde. Glasierte Keramik, die im 16. Jahrhundert populär war, bezeichnen wir als Fayence. Die Rohlinge wurden zunächst mit einer weißen Glasur überzogen, um Porzellan zu imitieren, und dann bemalt.

Im Gegensatz zu Glas kann man Porzellan gut restaurieren. Eine wirklich perfekt ausgeführte Arbeit wird man höchstens an leichten Unterschieden in der Lichtreflexion auf der Oberfläche erkennen. Manche Leute berühren Porzellan mit den Zähnen oder klopfen mit einer Münze daran, um die Echtheit am Klang zu prüfen. Letztlich wird damit nur die Glätte der Oberfläche kontrolliert, Unebenheiten weisen auf Reparaturen hin. Seien Sie aber mit solchen Tests vorsichtig – Schäden können teuer werden. Weil Porzellan ein sehr spezielles Gebiet ist, lassen Sie sich am besten von einem Händler beraten.

RECHTS Dieses chinesische Küchengeschirr aus dem 18. und 19. Jahrhundert wurde für den heimischen Markt produziert.

UNTEN Österreichische Urnen (19. Jahrhundert) mit feinen Kristallgravuren und Ormoulu-Dekor.

GLAS

Alter ist zwar nicht alles, doch zweifellos ist ein Paar georgianischer Karaffen erstrebenswerter als viktorianische Kopien. Achten Sie auf schlichte Form mit sparsamen oder gar keinen Gravuren. Regency-Karaffen sind schwerer, reicher geschliffen und graviert – doch nicht minder schön. Das Dekor der Stopfen sollte natürlich zu den Karaffen passen. Viktorianische Karaffen sind meist reich verziert und oft etwas überladen. Weinreben-Motive waren zu dieser Zeit sehr beliebt.

Altes Bleikristall hat einen leichten Grauschimmer, der es von den grünlichen oder gelblichen Stücken jüngeren Datums unterscheidet. Für diesen Farbton sollten Sie früh ein sicheres Auge entwickeln, damit Sie es weder mit preiswertem Glas noch mit Quarz, auch als Bergkristall bezeichnet, verwechseln. Aus Quarz fertigte man im 18. und 19. Jahrhundert gern Dekorationen für Kronleuchter. Es hat oft Riefen und Craqueluren, ist aber teurer als Glas. Den Unterschied kann man spüren: Quarz ist ein Mineral und fühlt sich darum kalt an.

Glas lässt sich nicht restaurieren. Man kann beschädigte Stellen abschleifen oder Teile ersetzen, doch ein Sprung ist irreparabel.

Im späten 19. und frühen 20. Jahrhundert produzierte man mit Silber bedampfte Karaffen und andere Glaswaren, oft in Form von Tieren oder Champagnerflaschen, die heute Sammlerwert besitzen. In edwardianischer Zeit war es üblich, Champagner zu dekantieren und abgestanden zu trinken, weil das Aufstoßen durch die Kohlensäure als unschicklich galt.

Farbiges Glas ist immer ein schöner Blickfang, ob man nun mehrere Stücke in einer Farbe oder in verschiedenen Farben besitzt. Die wichtigsten Glasfarben sind Blau, Rot (Rubin und Cranberry), Amethyst und Amber – alle entstehen durch Zusätze von Metalloxiden zur Glasmasse.

RECHTS Die edlen Regency-Karaffen (ca. 1825) zeigen den zarten Grauschimmer, auf den Sie beim Kauf antiken Bleikristalls achten sollten.

LINKS Das großartige französische Marmorrelief von Jean Hardy aus dem 17. Jahrhundert zeigt ein Porträt des Kaisers Augustus.

UNTEN Ein Sekretär aus Ulmenholz mit Ormoulu-Beschlägen.

LINKS Die viktorianischen Teedosen, Schachteln und anderen Objekte sind aus antikem Schildpatt. Die Holzschachtel in der hinteren Mitte zeigt schöne Parketeriearbeit.

MARMOR

Marmor ist immer alt. Die Frage ist, wann er verarbeitet wurde. Im 18. und frühen 19. Jahrhundert war Arbeitskraft billig, und die Marmorverarbeitung erreicht eine später kaum übertroffene Qualität. Skulpturen und Reliefs aus dieser Zeit wirken manchmal fast lebendig. Achten Sie auch auf die Rückseite von Reliefs, die Aufschluss über das Alter gibt: Frühe, von Hand gearbeitete Stücke sind meist rau, neuere glatt geschnitten.

Weil es so viele Marmorarten gibt, ist die Identifikation nicht einfach. Italienischer Carrara-Marmor sollte bei hochwertigen Antiquitäten rein weiß sein. Heute ist weißer Marmor ohne graue Adern kaum mehr zu finden. Bei Grand Tour-Stücken findet man häufig Sienna oder Marmo Rosso. Sienna wird auch heute noch gefördert, doch ist er nicht mehr so schön wie früher.

Mit Pietra dure bezeichnet man intarsierte Muster aus Marmor und Halbedelsteinen – eine langwierige und schwierige Technik, die darum ihren Preis hat. In Indien und Italien werden solche Stücke noch heute gefertigt. Scagliola ist eine Imitation des Pietra dure, bei der eine Paste aus gemahlenem, eingefärbtem Marmor verwendet wird. Gute Scagliola-Tischplatten aus dem 17. und 18. Jahrhundert sind heute sehr begehrt.

BRONZE

Legierungen aus Kupfer und Zinn gibt es seit 4000 Jahren, die meisten dekorativen Bronzen stammen jedoch aus dem 18. und 19. Jahrhundert. Viele waren vergoldet, heute sind sie oft patiniert, um ein größeres Alter vorzutäuschen. Achten Sie vor allem auf die Oberfläche, damit Sie nichts Minderwertiges kaufen.

Nicht alle Produkte des 18. Jahrhunderts sind besser als die des 19. Ormoulu oder Goldbronze war im 19. Jahrhundert von besserer Qualität als 100 Jahre früher. Die vergoldeten Bronzebeschläge an den Möbeln von Jean-Jacques Werner (1791–1849) beispielsweise übertreffen die des 18. Jahrhunderts, seine Verarbeitung von Hölzern und Intarsien entsprechen dabei den hohen Standards früherer Zeit.

Ein anderes gutes Beispiel für Bronzen ist das Paar österreichischer Kristallurnen auf Seite 171: Die Guss- und Treibarbeit ist unvergleichlich. Alter, Seltenheitswert und Herkunft spielen bei Bronzen eine Rolle, außergewöhnlich schöne Stücke können durchaus astronomische Preise erzielen.

ANTIKEN

Dieser Begriff meint Dinge, die mehr als Tausend Jahre alt sind, entstanden in den alten Kulturen Roms, Ägyptens, Griechenlands, Chinas und des Nahen Ostens. Es ist ein sehr spezielles Gebiet, auf dem Sie sich vor dem Kauf unbedingt kompetent beraten lassen sollten.

SCHILDPATT

Beachten Sie, dass alle Gegenstände aus Schildpatt dem CITES-Abkommen zum Schutz gefährdeter Tierarten unterliegen und darum nur mit entsprechenden Dokumenten eingeführt werden dürfen. Das gilt ebenso für Elfenbein und Chagrinleder.

Schildpatt und Perlmutt ist so schwierig zu reparieren, dass Sie besser keine beschädigten Stücke kaufen sollten. Selbst das Polieren ist zeitraubend. Teedosen aus Schildpatt sind erheblich im Preis gestiegen. Seien Sie vorsichtig – es gibt viele Imitationen im georgianischen Stil, die vorwiegend auf den Philippinen gefertigt werden. Es ist ein beliebter Trick, einfache Holzkästchen aus dem vorigen Jahrhundert mit neuem Schildpatt zu verkleiden. Grünes und rotes Schildpatt ist besonders selten und darum extrem teuer. Das gleiche gilt für die als Piqué bekannten Intarsienarbeiten aus Schildpatt und Silber oder Gold, die meist aus dem späten 19. Jahrhundert stammen. Kleine Piqué-Döschen des 18. Jahrhunderts sind etwas ganz Besonderes und wirken als Sammlung zauberhaft.

ELFENBEIN

Es ist illegal, neues Elfenbein im Ursprungsland zu kaufen und nach Hause mitzubringen. Das glatte Material lässt sich nicht unsichtbar reparieren, Schäden sind daher kaum zu verstecken. Je nach Art des Objekts schwanken die Preise erheblich. Kunstvoll geschnitzte und durchbrochene Stücke sind wegen ihres dekorativen Wertes begehrt.

CHAGRINLEDER

Chagrin ist vorwiegend grün und eigentlich die Haut von Haien oder Rochen. Die meisten Stücke wurden zwischen 1890 und 1930 produziert – ein interessantes Sammelgebiet. Möbel aus Chagrinleder sind selten, Dekorationsobjekte dagegen häufiger zu finden. Es kann rau oder glatt sein und wird oft mit Silber oder Goldbronze kombiniert. Reparaturen müssen von einem Fachmann durchgeführt werden.

OBEN Der niederländische Spiegel hat Glasleisten aus Elfenbein, sehr ungewöhnlich ist die Krone.

RECHTS Eine schöne afrikanische Elfenbeinschnitzerei aus dem 19. Jahrhundert.

UNTEN Eine großartige Sammlung von Leuchtern aus gedrechseltem Ebenholz mit Elfenbein. Viele stammen aus Indien.

Register

Danksagung und Bildnachweis

Genevieve Weaver: Ich möchte all denen danken, die im Lauf der Jahre mit mir zusammengearbeitet haben, um Guinevere zu dem zu machen, was es heute ist. Besonders danke ich John Arnett, der mich beinahe von Anfang an auf meinen Einkaufsreisen begleitet hat und es noch heute tut – obwohl er eigentlich lieber zu Hause die Füße hochlegen würde. Meinen Söhnen Kevin und Marc und ihren Ehefrauen Caroline und Heather danke ich, ohne die all das nicht möglich gewesen wäre. Ich danke Rob Hunter, der mit all meinen Launen zurechtkam und dessen Blick fürs Detail ein unschätzbarer Gewinn ist. Ein Dank auch an Michael Folkard, der oft schon weiß, was ich will, ehe es mir selbst klar ist. Danke allen Mitarbeitern von Guinevere, den jetzigen und den ehemaligen, die mich mit so viel Ermutigung und Sachverstand unterstützt haben. Schließlich möchte ich auch all meinen Kunden danken, denn sie haben es möglich gemacht, dass Guinevere ein Bindeglied zwischen Stilen und Ideen der Vergangenheit und der Gegenwart werden konnte.

Helen Chislett: Genevieve Weaver und ich bedanken uns bei Theo Woodham-Smith, der dieses Buch möglich machte, sowie beim Team von Collins & Brown, die bei der Entstehung nach Kräften mitgewirkt haben. Auch allen Designern – und ihren Kunden – danken wir, die uns Zutritt zu ihren Häusern gewährten, damit wir die Antiquitäten in verschiedenen Umgebungen fotografieren konnten. Schließlich danke ich meinem Ehemann John, der mich bei der Arbeit an diesem Buch in praktischer und moralischer Hinsicht unterstützt hat.

Besonderer Dank gilt den folgenden Designern:
Alidad: S. 39, 43, 56, 66, 75, 134–137; Nina Campbell: S. 65 (oben), 151–152; Marie-Luis Charmat: S. 26–27, 28, 31, 32–33, 45, 50, 55, 74, 124; Lilli Curtiss: S. 146–149; Vivien Greenock von Sybil Colefax and John Fowler: S. 125; David A. Harte: S. 23, 29, 35, 41, 63, 82, 85, 88–89, 122; Rob Hunter: S. 5, 64–65 (unten), 72, 83, 92–95, 162–163, 165 (oben); Chester Jones: S. 52–53, 59, 78–79, 90, 101; John Minshaw: S. 1,2 34, 48–49, 77, 104, 107, 112–113, 126–129, 144–145 (unten); Ann Mollo: S. 36, 46, 86–87, 98–99, 114, 118–121; Wendy Nichols von Sybil Colefax and John Fowler: S. 40, 111, 153; Jonathan Reed (Reed/Boyd Partnership): S. 54, 58, 91, 142–143, 145 (oben); Renoir Designs: S. 38, 81, 84, 106, 110, 123, 150; Genevieve Weaver: S. 9, 30, 42, 60, 68–69, 102–103, 105, 115, 158–161; Kevin Weaver: S. 97, 100, 108–109, 130–133, 165 (unten); Marc & Heather Weaver: S. 22, 47, 68, 80, 154–157; Judy Wilder: S. 25, 116–117.

Bildnachweis:

Collins & Brown/Andreas von Einsiedel: S. 1–2, 5–6, 12, 17–18, 23–24, 29–30, 34, 36–39, 41–44, 46, 49, 52, 56–57, 61–67, 70–73, 75–76, 81–89, 92–100, 102–106, 108–110, 112–115, 118–123, 126, 129–141, 146–152, 158–165, 167 (unten), 168 (oben und unten), 169 (oben und unten), 170 (oben und unten), 171 (oben und unten) 172 (oben und unten), 173 (alle)
Andreas von Einsiedel: S. 22, 47, 53–54, 58–59, 68–69,78–80, 90–91, 101, 127–128, 142–145, 154–157.
Peter Johnson: S. 8–10.
Henry Wilson: S. 13.
Clark and Hart: S. 5.
Clive Bartlett: S. 16, 19, 20–21, 60, 170 (Mitte).
Robert Brown: S. 25, 116.
Fritz von der Schulenburg: S. 26, 50, 124.
Colefax and Fowler: S. 40, 111, 125, 153.
Michael Hoppen: S. 169 (Mitte).
Paul Reymond: S. 34, 48, 77, 107.

68,-